# 地理マニアが教える 旅とまち歩きの楽しみ方

作田龍昭
Sakuta Tatsuaki

ベレ出版

# はじめに

近ごろ、地理や地図が好きだという方が増えてきたように思います。

私は、さまざまな土地の特色や違いに触れ、その背景、歴史や地域性を知る時、「地理っておもしろいな」と感じます。この本を手にとってくださった皆さんもそう感じている方々ではないでしょうか。しかし、「なんとなく地理が好き」という方が、もっと深く楽しみたいと思っても、次に進む手がかりは、意外と見つけにくいものです。今では人から地理マニアと思われるほどの私もその一人でした。そこでそのような方のために、まち歩きや地理の楽しみ方を具体的に紹介し、地理がさらに好きになるヒントをまとめたのが、この本です。

本書で扱う第一歩は、自宅の近所です。――なぜ坂や高低差がそこにあるのか？　それは忘れられてしまった昔の川が作り出した痕跡かもしれません。――あまり広くはない道路がゆるやかに曲がっているのは？　ひょっとしたら旧街道や古道、あるいは廃線になった鉄道の跡かもしれません。変わった形の山や岩は？　大昔の火山活動によるものかもしれません……。こうして近所の歴史や大地の成り立ちを知る楽しさをご紹介します。

自宅周辺の次は、地理を楽しむ「旅」です。少し離れたエリアを歩いてみます。この本では訪ねてみたい首都圏近郊の都市をいくつか選び、実際の訪問記も掲載しました。ぜひ自分ならではの地理の旅やまち歩きをしてみてください。

地理を楽しむ旅を充実させるには準備に時間を割き、本番当日の工夫も大事です。第3章では地図の活用をマスターしたうえで、どのように計画し下調べするかを、整理しました。地理の旅やまち歩きのマニュアルとして読んでいただけると思います。

地理の楽しみ方は野外へ出ることだけではありません。自宅にいても新旧の地形図をじっくり眺めて昔と今の土地の変化を発見したり、学校の教科書を読んでみたりするのも、とても勉強になります。また昔の旅日記や紀行文を読むのも、一味違った地理の楽しみ方としておすすめです。さらには旅の目的の一つとして、図書館にもフォーカスしました。

本書の後半では、より主体的に取り組みたい方のために、地理を楽しむ場作りや交流の方法について、私自身の体験を踏まえて、詳しく解説しています。

私はこれまでに3度の「歩く日本横断」を行いました。長期的なプランを立て、休日を利用して歩き続け、地理を楽しみながら達成したのです。読者の皆さんが、本書をきっかけにさまざまな地理の楽しみ方にチャレンジして人生がより豊かになることを願ってやみません。

作田　龍昭

目次

## 第3章　地理の旅　実践編　109

## 第6章 人生を豊かにする地理生活 257



**【本書での用語について】**

- **地理**――本書では地理ファンがそれぞれの立場から地理的なものとして魅力を感じる対象全般を示すため、「地理学」という言葉は極力使用せず「地理」としました。
- **まち歩き**――まち歩きについては街歩き、町歩き、まち歩きなどがありますが、本書では定義にこだわらず幅広く地域の自然や暮らしを楽しむための野外活動を表わすため、表現を「まち歩き」に統一しました。
- **2万5000分の1地形図**――地形図の表記に関しては「2万5千分の1」などさまざまな表記がありますが、縦書き書籍での読みやすさを考慮して「2万5000分の1」としています。

# 第1章

# 趣味は「地理」です

# 1 地理好きの旅のスタイル

私は旅が好きです。自分の知らないところやふだんの暮らしと離れたところは、常に新鮮で魅力的に感じ、旅先に降り立つと五感も研ぎ澄まされ、生き返ったような気持ちになります。毎日の忙しい生活に追われていると、無性に旅がしたいなぁと思うことがあります。

思えば人類の歴史は、自分の住みかを離れて、知らないところや初めてのところへ歩き出す挑戦によって刻まれてきました。あるときは希望に満ちた新天地や新世界への移動であり、あるときは追い詰められた逃避や転進の旅であったかもしれません。見方によっては我々の通勤や通学のための移動、ちょっとした散策も小さな旅の繰り返しといえるでしょう。

この本を手にした読者の皆さんは、少なくとも旅やまち歩きに出るのが好きで、そこで見ること触れることに人一倍おもしろさや興味を感じる方々ではないでしょうか。

地理ファン、地理マニア、というのは趣味なのか、特技なのか、単なる楽しみなのか、はっきりしない何かを感じながらも「地理はおもしろい」と確信している人々と、さらに地理の楽しさを分かち合いたいというのがこの本の目的です。

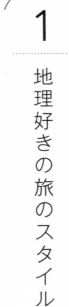

まず皆さんの自己診断から始めましょう。

次のチェックリストにあてはまる場合は□に丸印を記入してください。

（全くあてはまる場合は◎、部分的にでもあてはまる場合は○、あてはまらない場合は空欄）

①旅行のときは必ず地図を持っていく。□
②旅に出ると空いた時間がもったいなくて、短時間でもどこかを歩き回る。□
③マスメディアによく出る観光地やおいしい店、穴場のようなものにはあまり興味がない。□
④ホテルに備えつけの新聞は、まず地元の地方紙から読む。□
⑤小中学生時代に冒険旅行をしたことがある。□
⑥車のカーナビは好きではない。あるいはマイカーにカーナビはつけていない。□
⑦方位計や高度計のついた腕時計をしている、持っている。□
⑧スマートフォンやパソコンに地図アプリを独自で入れている。□
⑨パック旅行は好きではない。オリジナルの旅行や一人旅が好きだ。□
⑩難読地名の読み方を同僚や友人に教えることが多い。□
⑪郵便番号でおおよその地域が想定できる。□
⑫鉄道は車両やダイヤだけでなく路線や街にも興味がある。□

⑬小学校時代、友だちと国と首都当て、都道府県と県庁所在地当てなどに熱中した。□
⑭テレビ番組では「ブラタモリ」や「新日本風土記」「小さな旅」などが好きだ。□
⑮地図帳は数年に一度は必ず買い替える。□
⑯大型書店ではよく、地理、地学、地球物理、民俗などの専門書棚を覗く。□
⑰住所は市町村名があれば都道府県名を書く必要はないと思っている。□
⑱都会の地下鉄や鉄道網では、速い、安いだけでなく、地理的距離の短いルートも選ぶ。□
⑲毎日の通勤通学の途中に変化を発見するのが得意だ。□
⑳新しい施設や路線が開業したら、できるだけ早く様子を見に行く。□

◎を3点、○を1点として計算してみてください。合計何点になったでしょう。

地理の好きな人は、周りからこんなふうにいわれませんか?

「よくいろいろなところを知っているね」「忙しいのにまめにあちこち出歩くね」「珍しいところへ行くのが好きだなぁ」「どこかおすすめのところを教えてよ」と。

おそらくこうした方は、このチェックリストで20点以上の人、地理の好きな人ですね。

たとえば街を歩いているときに、「その街の持つ特色や違いを感じるのが好きだ」「不思議に感じたり疑問に思うことが出てきて知りたくなる」といったことが多いのではないかと思います。

先ほどの自己診断で、たくさん「あるある」と感じた方は、地理への関心度が非常に高いのです。

地理好きの人々は皆、いろいろなことに関心を持っています。つまりその幅広さは、地理という世界の間口の広さを反映しているのでしょう。自然、気候、地形、災害、人口、農業、工業、産業、エネルギー、生活、民俗、交通、地図など、地理学ほど、この世界を広く深く学べる学問分野はありません。

ただしその楽しみ方や道筋を紹介した書物は、ほとんどないといってよいでしょう。

私は地理学者でも研究者でも教員でもありません。一企業のサラリーマン（昭和の言葉でいえば）として、地理を自分なりに楽しんできた人間です。そんな立場から、地理の好きな社会人がより楽しむためにはこんな方法もある、という提案をしていきたいと思います。

# 2 地理を楽しむさまざまな人々

## ❶地理が好きな人たち

地理が好きな人、地理愛好家、地理ファンやマニア、といっても、さまざまな人たちがいます。鉄道ファンには「撮り鉄」「乗り鉄」などと呼ばれるようにいろいろな類型があり、さらに車両、列車ダイヤ、路線、鉄道施設、切符、模型など、鉄道のここが好き、という強いこだわりがあるようです。

地理ファンにもさまざまなタイプがあると思います。なお、これらは「地理学」の学問の世界とは関係なく、あくまで私の経験から地理ファンを分類してみたものです。

### ○「地図・地図帳系」の人

何といっても子どものころから地図や地図帳を見るのが好きだった、地図さえ見せておけばおとなしかった、などといわれてきたのがこのカテゴリーの人です。今でも地図が好きで、街を歩いていても「地図」という文字がすぐ目に入ってきて、案内板を見たりテイクフリーの地図をもらって帰ります。

これらの中には、ただ地図帳をのんびり眺めているのが楽しいという温厚なタイプから、古地図をコレクションする人、切絵図や村絵図の愛好者、伊能忠敬ファン、ＧＩＳを駆使してオリジナルの地図を作製したりデータ分析したりするアクティブな方々まで、非常にさまざまな人々がいます。

まず地図からスタートして街や地域に思いを馳せるという方々ですが、純粋に地図そのものが好き、という地図オタク的な人も多く、深く入り込む人もいます。しかし、地図ファンが１００％地理ファンかといえば、そうともいえない部分もあります。

## ○「登山・歩く旅系」の人

山や登山と地理は、昔から切っても切れない間柄ですが、単に地形図の活用だけではなく、山を通して地理が好きになったという人は非常に多く存在します。山歩きから、というのでなく、山歩きと地理が好き、というのが正しい言い方でしょうか。

同じカテゴリーには、歩く旅の愛好家たちもいます。東海道歩き、中山道歩き、札所めぐり、城めぐり、河口から源流まで踏破、日本横断・縦断まで、一つの大きなプロジェクトに燃える人々です。

このタイプの人々は登山や歩く旅で、単に歩きながら地形や地質について関心を持つだけではありません。歩くプロセスの中で地域の息吹を直接感じ、その土地の自然、歴史、暮らしなどにも関心が強くなっていくのではないかと思います。

とにかく、日本百名山完登にしても旧街道踏破にしても、目標を掲げて始めたら、楽しくてやめられません。プランを立てて一つひとつクリアしていくのが、ゲームのようにウキウキしてくるのです。

## ○「鉄道や交通系」の人

鉄道好きも地理好きの大きな割合を占めています。「鉄道の好きな人≒地理好き」といってもよいのではないかと思います。鉄道やバスのネットワークは地域空間の結びつきを示すものですし、駅のあるところは街や集落が成立しやすい場所でもあります。なぜならわが国は、鉄道が都市の発展に大きく寄与したところが多いからです。つまり、地域の変化に密接に関わってきたのが鉄道ということになります。

ＪＲ全線や私鉄路線の乗りつぶしなどはもちろん、廃線めぐり、秘境駅訪問、新線や廃線の可能性のある路線の訪問など、鉄道に関するチャレンジをしている方々はとても多いと思います。

また、鉄道ほどではありませんが、高速バス、道の駅、地方空港ファンなどもしっかり活動しています。

### ○「めぐり系（コレクション系）」の人

県庁所在地めぐり、離島めぐり、灯台めぐり、郵便局めぐり、役場めぐり、世界遺産めぐりなど、訪ね歩く目標を設定し、意義を見出そうとする人々です。私はこれを「めぐり系（別名：コレクション系）」と呼んでいます。「歩く旅系」の人と似ていますが、目的地自体が一つの地域や市町村であり、「その地域はいかなるところなのか」という問題意識が生まれるので、より地理的な関心が強くなります。

「○○めぐり」は、自然環境や社会環境、交通条件などもよく調べたうえで進めないと効率的に目標が達成できないので、情報収集や計画も楽しみの一つになるのではないでしょうか。また、現地ではさまざまな人々とのふれあいの機会も多くなる点で、とてもよい旅のスタイルだと思います。

この中に地名ファンも加えることができます。変わった地名、同一地名、吉祥地名などを調べたり訪ねたりする人々です。地名は歴史学や民俗学、国語学など関係する分野も広いので、研究対象としても大変おもしろいと思います。

### ○「博識系（ものしり博士系）」の人

地理の博識系、博学系です。まず人口、歴史、行政の変遷などの客観的な事実、データを隅々まで実によく知っている人々で、基本的に記憶力がよく関心が強いので、1回聞けばすぐに頭の中に収納できるようです。

「ものしり〇〇学」のような、地理的なもの以外の雑学の大家もおり、とにかく博識です。ものしりという言葉からはマニアックでややネガティブな印象を受けてしまうのですが、このタイプの人は現実の社会や政治経済にも関心が高く、地域経済分析など経済リッチな視点や能力が生かせるのではないでしょうか。

### ○散歩まち歩き系の人

今このジャンルの人口が急増していると思います。地理という意識はなくても、街を歩く楽しさを知り、学ぶこともできる活動です。

もともとこの散歩系は「文学散歩」「歴史散歩」などと呼ばれ、昔からまち歩きの大きなジャンルなのですが、今は街そのものを観察したり味わう要素が強くなり、そこにグルメなどの要素も加わって、さまざまな企画がいたるところで実施されています。

特に近年人気があるのは、地形の凹凸に気づき、その成因や特徴、違いを探るスリバチ学会や高低差学会（崖会）の活動です。まち歩きをしていると「なぜこんなところに坂が？」「どうしてこの場所は高いのか？　低いのか？　窪地なのか？」というような疑問が生まれます。その疑問を解き明かし、その地形が街の歴史や文化・生活に影響を与えたことを学ぶのはとても楽しいのです。

都市化によってその街の昔の姿が把握できなくなった現代でも、高台や窪地や坂道といった地形は変化しにくいものです。都会の中で、こうした凹凸地形の探索や河川の暗渠《あんきょ》（地下に埋設されたり蓋をされた水路）追跡で自然環境の成り立ちを楽しんだり土地利用の変化を考えたりする求知心が、ファンを呼び込むようです。特に京都や奈良のような非常に長い歴史を持った都市よりも、東京などのように近世・近代に発展した比較的歴史の浅い都市のほうが地形や建築物の遺構が手の届くところにも残っており、より関心が高くなっているのではないかと感じています。

以上、私の個人的な地理ファンの分類ですが、1人が一つの類型に収まるということではなく、いくつか合わせ持っている、重なっている、というケースもたくさんありそうです。

## ❷私の出会った地理の達人

地理の好きなさまざまな人の中から、忘れられない方を何人か紹介します。

### ○Sさん（国土地理院5万分の1地形図をすべて歩き尽くす）

5万分の1地形図は全国で1291面ありますが、そのうち北方領土や一般人立ち入り禁止の離島などを除くと、1247面が全数ということになります。このすべての5万分の1地形図に13年間かけて足跡を残した人がSさんです。

もともと山歩きが趣味で地図を読むのが得意であったSさんですが、1994年に腰を痛めて、登山はもうあきらめねばならないかと思っていたときに気づいたのが、山を登らなくてもできる地形図めぐりだったそうです。

それまでに仕事や登山などで、すでに3分の1の図面は訪問済みだったとはいえ、残った3分の2は離島や北海道の空白地など、訪問に大変な労力のいるところばかりでした。

歩き尽くしの方法は、地形図に記載された場所を訪ねて、地形図内のどこかに足跡を残すというものです。Sさんは必ず地図一面につき訪問証拠写真を1枚撮っていましたが、佐渡では以前に一度訪問していたものの写真を撮っていなかったところが見つかり、その1枚の証拠写真撮影のためだけに再訪したというようなケースもありました。

離島や北アルプスのど真ん中のように、たった1面の地形図の訪問に旅程が2日も3日もかかるところがあるかと思えば、1日で20面も訪問できるところがあったりとさまざまでした。いずれにしても、地形図歩きの旅から戻り、自宅で国土地理院の「地図一覧図」の未訪問セルを年度別に色分けして塗りつぶすのが大きな楽しみだった、と話しています。

何といっても苦労したのは無人島の訪問です。北海道の渡島《おしま》大島、小笠原の聟島《むこ》、五島列島の肥前赤島や男女群島（**図1—1**）など、交通手段のない場所へは、船をチャーターしたり釣り人に同乗させてもらったり、手段と費用の確保と天候というリスクとの戦いであったといいます。ユニークな活動を続けてきたSさんはそれが知られ、5万分の1地形図歩き尽くしがほぼ完了したころ、「熱中時間」というテレビ番組に出演し、その苦労を語っています。

**図 1－1**
福江島南西 80km の無人島・男女群島女島（めしま）での入日（Sさん提供）

この活動の目標は全地形図訪問ですが、Sさんは地理が大好きで、地形図に載っているどんなものにも関心を持ちました。ジオパーク、世界遺産、国立公園、神社仏閣、城址《じょうし》、温泉、名水などが訪問先です。そういう意味では、この地形図歩き尽くしの旅は、ある地域を訪れるきっかけを作ってくれた旅で、行くまでは知らなかったものとの出会い（縄文時代に糸魚川から運ばれた奥尻島のヒスイ勾玉、不忘山《ふぼうさん》のシャクナゲ大群落、もう一つの五稜郭・龍岡城趾、能登のボラ待ち櫓《やぐら》、海洋を渡ってきた小宝島のアサギマダラなど）が大きな収穫だったといいます。まさに地形図歩きの旅は、未知のものとの出会いの旅にもなっていたといえます。

## ○Kさん（全国の全市町村役場を訪問しためぐり系）

Kさんは全国の市町村役場めぐりを29年間かけて達成した人です。

今では平成の大合併などで市町村の数は大きく減ってしまい１７００ほどですが、１９９２年にKさんが全国の自治体を訪問しようと思い立ったときは３２５９ヵ所。しかもこのプロジェクトには、目的地の役場に公共交通機関を利用して訪ねるという、自分で決めた厳しい鉄則があるのです。

当時はＩＴ系企業に勤務していた働き盛りのころ。時間を見つけてはコツコツと役場めぐりを始めて、年平均１００ヵ所の役場をクリアしたといいます。退職後は年２００～３００ヵ所を回り、ついに2015年9月に、東京都小笠原村役場で完結させました（図1―2）。

Kさんとはお会いする都度「こんな役場を訪問した」という楽しい話を聞かせてもらっていましたが、その訪問記やエピソードを読んでいると、時間が経つのを忘れてしまいます。

大前提である「公共交通機関を利用して行かなければならない」というルールのために、1日に数本しかないローカルバスやコミュニティバスをいかに乗り継いでいくかという綿密な計画を立てたり、公共交通機関のない役場（まさかと思いますが、そのようなところが日本に7ヵ所あるそうです）へは自分の足で（徒歩で）1時間以上かけて訪れたりするなど、この前人未到の計画のためにいかに悪戦苦闘されたかがわかります。ちなみに公共交通機関の中で最も多く利用したバスには、延べ2000回乗車し、そのうちの3分の1くらいは乗客がKさん1人だけだったといいます。

**図1-2**
全国市町村役場めぐりを小笠原村役場で完結！（Kさん提供）

市町村役場を訪問することは、地域の特徴をとらえる地理の旅そのものです。しかし庁舎自体には市町村の特徴を表しているものは非常に少なく、役場というものの地域性はないといいます。むしろ気になったのは、役場の周辺がどこも同じような殺風景な景色になりつつあることで、多いのがシャッター通り、空き地通り、駐車場通りなど。そして周辺部は量販店や外販店の続く幹線道路とバイパス。人口減少社会を迎えて、地方の活性化は国の極めて重要な政策ですが、Kさんは地道に全国を回ってみて、居住地を集約するという、いわば戦略的凝縮が必要だと強く感じたと語ってくださいました。

## ○Oさん（定年退職して五街道を歩き尽くす）

会社勤めを終えて一つの目標にチャレンジしたいという人は少なくありません。Oさんは現役時代から歩くことに相当気を遣っていました。健康のために休日を使って歩く旅をしたり、通勤のときも一駅手前や一駅先から歩くことに取り組み続けていたのです。

もともと地図を見て歩くのが何より楽しいというOさんは、定年を機に東海道を全線踏破しようと決めました。誰もが知る東京から京都三条までの旧東海道の旅です。世の中に東海道を歩く人は多く、宿

**図1-3**
東海道土山宿(滋賀県)松並木（Oさん提供）

場の遺構を探したい人、街道のルートを楽しみたい人、旅日記を再現したい人などさまざまですが、Oさんは本陣と一里塚にこだわって、これらの探索と見学をしながら歩きました（図1—3）。

基本的に写真は歩いた記録の証拠写真以外写さない主義で、手にするのはただ一つ、ルートの地図だけ、道中のメモも地図に記入するという軽快なスタイルで、19日間かけて４９２㎞を踏破しました。目標を達成した勢いで、その次には中山道にチャレンジ。これは結構大変な行程だったようですが、23日間かけて５０８㎞を歩きました。この時点で、五街道をすべてクリアしようと心に決めたそうです。

３番目が東京・下諏訪間の甲州道中２１１㎞を、東京へ向かって全行程を一気に達成。次に日光道中の東京から日光への１４３㎞を６日間で、最後に奥州道中の宇都宮から白河まで89㎞を歩き通し、ついに目標の五街道合計１４４３㎞を歩き切りました。

街道や古道を歩くことは古の旅人の時間を追体験することですが、基本的に「歩く旅」というものがなくなった私たちが、そこから得るものは何なのでしょうか。それは通過点にすぎない地域を、直接見て感じて知る喜びではないかと思われます。

Oさんは歩くことで、道路が地理的にどこを通っているのか、集落はどこにあるのかを、常に観察するようになり、集落の繁栄や衰退にも思いを馳せるようになったといいます。実際に私たちも自分の足で歩いてみると、坂やカーブの感じ、山や谷の位置関係、集落の場所など、体感を通して考えられるようになります。

そして、「人間と地形（自然）は勝ち負けの関係ではなく、人間は地形という自然の懐の中で、昔も今も変わらずに生活を営み、これからも生きていくのだ」ということをつくづく感じたそうです。「単純ではあるが、それが一番大きな収穫だった」とOさんは語っています。

### ○ Iさん（会社を経営しながら日本中の都市を極める行動派）

Iさんは人口や都市の盛衰にとりわけ関心の強い、いわゆる博識系地理マニアの代表かと思います。数字や歴史にめっぽう強く、各市町村の人口の推移や各都市の盛衰の話には大変な説得力がありました。数字に強いのは、大学の工学部を首席で卒業したからだという得意話も耳の片隅に残っていますが、それよりも舌を巻くのはその行動力です。会社経営をされ超多忙なためわずかな時間をとにかくやりくりして、北海道から沖縄まで手ぶらで日帰りか一泊で行ってきてしまうのです。日本で行ったことのない市はない、と常々話されていましたが、自らの考えや仮説を目と耳と足で体験することによって確かめていたのだと改めて思います。

会社の本社があるのは東海地方の都市ですが、東京にも頻繁に来られて、土曜や日曜の朝には「今日は時間ありますか？」と電話があり、喫茶店で話を聞かせてもらうというのがいつものパターンでした。とにかく自分より地理的数字に詳しい人がいたら道場破りしたいというのが口癖で、大学教授や地理専門書の著者などにも直接連絡してアポイントメントを取り、いろいろな話をするという型破りな方でした。

若いころから、数字のあるものなら何でも（人口、面積、選挙区、ナンバープレートなど）自然に暗記してしまう特技があったそうです。何でも暗記してしまうので手帳は持たない主義でした。もちろん全国の地名に詳しいのはいうまでもなく、奥様からは冗談で、役所の戸籍係になればよかったわね、といわれていたようです。

とにかく北海道でも九州でも弾丸ツアーで、持っていくものは車内で読む本1冊だけという方です。初めて訪れた街では、タクシー運転手といろいろな話をするとその街の置かれている状況が一発で把握できるし、喫茶店に入って店の主人と話をするのがよい、という独特の調査法で、カメラも持たずメモも取らない。ただ観察したり話したりするのが重要であるというすごい方でした。何年か前に現役社長のまま急逝されたのが惜しまれてなりません。

# 3

# 「近所歩き」から地理散歩を始める

## ❶まず半径1㎞と決める

地理が好き、というテーマから、地理好きの達人の紹介まで進んでしまいました。話を戻して、「地理に少し興味がある」「なんとなく好きだ」という人は、まずは一歩進めて楽しみを充実させることに、目を向けてみましょう。

そこで何から始めるか迷った方には、まず自分の住んでいる街を歩いてみることをおすすめします。都市部にお住まいの方でしたら、最初は半径1㎞くらいの範囲を歩いてみましょう。自分の足で近辺の土地の起伏、道路や土地の形・特徴、土地利用の状態、人の流れ、動植物などに気をつけて観察しながら歩いてみると、知っているようでいて知らないことがたくさん出てきます。

歩くときは地図を持ちましょう。手持ちのパソコンから地図サイトにアクセスして、印刷するのが手軽です。

私の場合は「地理院地図」(国土地理院ホームページのトップページから入れます)を活用

しています。標高もすぐにわかりますし、断面図や展望図なども加工できて、思わず引き込まれてしまいます。

「アナログな方法がいい」という場合は、紙地図を利用します。市販の地図帳を片手に、でも構いませんが、できれば国土地理院の地形図のほうがおもしろいと思います。「地図の旅」の創始者・大沼一雄氏がすすめるのは、住んでいる街の2万5000分の1地形図を4倍にコピーして持ち歩くというものです。6250分の1になるのでとても見やすいのですが、拡大しただけなので、内容が詳しくなるわけではありません。その点、先ほどのような地図ソフトならば自由自在に拡大できるので便利ではあります。

ここでは仮に自宅から半径1㎞を歩く範囲と決め、その中で何をするかを考えていきます。「半径1㎞」というのは、後述するように往復で「2㎞・30分」という目安がわかりやすいので便利です。歩数にすると、1㎞は平均1400歩（歩幅によって違います）で、1時間（4㎞）歩けば5600歩となり健康管理の面でも、1日に最低必要とされる歩数7000～8000歩に近づくことができます。私はこの「半径1㎞・1時間の範囲」というスケールのまち歩きを提案します（なお、都市部や市街地以外などで半径1㎞が現実的でない場合は、最寄りの集落や中心地、勤務先などを軸にして円を描いてみてはいかがでしょうか）。

## ❷どこを歩くか考える

まず地図上に、自宅から半径1㎞の円を、コンパスで描きます（グーグルマップや地理院地図の同心円機能を使うときれいに描けます）。この場合、行政界（市区町村の境界を越える）などがあったとしても、気にしません。

同心円を描いて東西南北を眺めてみると、日ごろから詳しいエリアもあれば、ふだんはあまり行かない方向で、遠く感じられるところも出てきます。地図を見ながら、あまり歩いたことのない道、入ったことのない路地や、地図の上で気になるものを拾い上げてみます（公共施設、神社仏閣、大きな建物、崖、川、窪地、不自然な形の道路、変わった土地など）。それらを考慮して、おおよその歩くコースや順序を決め、ルートを組み立ててみましょう。

ただ歩くだけではなく、どこかに目的地や立ち寄る場所を設けるのもよいと思います。ふだんあまり使わないスーパーで買い物をする、前から気になっていたカフェに一度入ってみる、ファストフードでポイントや特典を使ってみる、入ったことのないお寺に寄ってみるなど、楽しみはいろいろ考えられます。

## ❸歩きはじめる

### ■まず1時間歩く

半径が片道1kmなので、たとえば自宅から北へ往復すれば2kmで約30分。あわせて南へ一度往復すればプラス2kmで合計4km、約1時間になります。最初は、1日目に東へ1km往復、2日目は西へ1km往復、といった具合に少しずつ歩いてみて、これを繰り返します。

地図を片手に、改めて1時間でもゆっくり歩いてみると、思ったよりも広くて時間がかかることがわかります。そこに住んで相当年数が経っていても、一度も通ったことのない道や路地などが必ずあるものです。

## ■歩きながら観察する

観察するという意識を持って歩くと、近所の風景も新鮮に感じます。坂道、窪地、崖、河川・水路、道路や鉄道、公園、樹木などを見て、疑問が湧いたり不思議に感じたり、いろいろなことに気づくでしょう。ふだんより速度を落として歩きます。私の家の近くを例に、歩きながら気づいたことを思うままに書いてみると、こんな具合です。

・住宅地だが畑もところどころにある。直売所に置かれている野菜を見る（図1―4）。

**図1-4**
23区内とは思えぬ巨大な無人野菜販売機（野菜15種あり）

・雑木林のある大きな屋敷が残っている。区民農園やテニスクラブが多いことに気づく。
・大半は平らな台地だが、坂道や低いところもある。わが家の付近は標高50mで、窪地、谷部分は45m前後である（図1—5）。
・台地上にもよく見ると微妙な高低差があるのが不思議だ。
・道路の大半は碁盤の目状で整然としているが、一方でなぜか不自然に急に幅が広くなるところや路地が現れるところがある（図1—6）。
・狭い範囲に学校がいくつか集まっている。
・区境があるが、境界線が道路の場合とそうでないところがある。
・カーブが多く長い遊歩道がある。
・スーパーは多いがコンビニは少ない。商店街は貧弱である。

表現としてこういう形でしかいえないものですが、当たり前のことでよいので、どんどん出してみることです。

**図1－5**
住宅地の中の大きな窪みと長い坂（中央部分が河川跡）

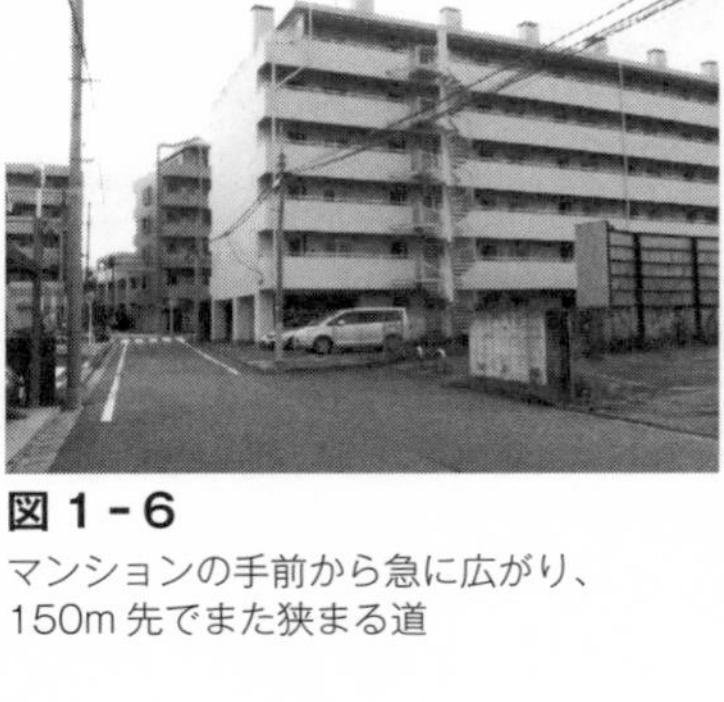

**図1－6**
マンションの手前から急に広がり、150m先でまた狭まる道

観察しながら特徴のあるもの、変わったもの、目立つものなどをメモしたり、スマートフォンで撮影したりしてみます。常に「何だろう?」「なぜだろう?」と思って問題意識を持つことが大事です。これまでは通り過ぎていた石碑、説明板、看板、像、モニュメントがあれば必ず立ち寄り、読んでみましょう。

## ■地図と見比べる

歩く範囲の地形図に掲載されている地図記号や地図表現を一つひとつ見て、地図と現地とを確認してみます。今まで気づかなかった地図記号などがあれば調べます。たとえば、わが家の近くに☼マークがあるのを見つけましたが、心当たりがありません。そこで現地へ行ってみると東京電力(パワーグリッド)の変電所があり、初めてその存在を認識しました。送電線が全く見えず、コンクリートの塊のような建物なので、気づかなかったようです。旅先の2万5000分の1地形図は細かく見ますが、自分の住まいの周辺の地形図ももっとよく見なければならないと感じました。

地図を見るときは、主なポイントの標高も調べてみます。先述の「地理院地図」や「スーパー地形」などを使えば簡単にわかります(スーパー地形、https://www.kashmir3d.com/online/superdemapp/)。土地の高低がわかると凹凸に敏感になって、歩くことがますますおもしろくなります。

## ❹自宅で研究する

### ■出てきた疑問点を調べてみる

こうしてじっくり歩くと、今まで気づいていなかったことが多くあるのがわかります。知らない樹木や草花の名前、かすかな地形の変化、神社仏閣の歴史や登場人物など、知りたいことが湧いてくるので、それらをｗｅｂや書籍などで調べてみます。知識が増えると、またそれに関係する場所にも関心が高まり、さらに訪ねたいところが出てきたりします。

たとえば、私は近所で気づいた点から、次のような問いが生まれてきました。

・畑や雑木林が残っているところは、どんな場所なのだろうか。
・畑ではどんな作物が作られているか。季節によってどう変わるのか。
・雑木林にはどんな種類の木が多いのか。
・台地から低くなっていくところの境目はどのあたりだろうか。特徴はあるだろうか。
・坂道の傾斜はどのくらいだろうか。
・高いところに、なぜわずかな高低差があるのだろうか。
・雨が降るといつも水が溜まるところや水はけの悪いところがあるのはなぜだろうか。

・少し広域で見た場合、この場所は高いのか低いのか。またその程度はどれくらいか。
・他の標高50m地点はどんなところか。
・どんなところに緑（樹木）が多いのか。公園か水辺か崖か。
・なぜこの付近の道は碁盤の目状で整然としているのか。
・碁盤目の中に細い道や路地がある一角があるが、これは何か。
・どんな学校が立地しているのか。どんな場所に建っているのか。
・道灌という名のついた公園が二つもあるが、太田道灌とどのような関係があるのか。
・なぜ道路でないところが区境になったのか。
・住まいが区境付近に位置していると、どんなメリットやデメリットがあるのか。
・幹線道路や鉄道の歴史は？
・なぜ商店街が発達しなかったのだろうか。

## ■地図を読み込む

先ほどの疑問はｗｅｂ上で調べられることもたくさんありますが、地図をよく読むことでわかることも少なくありません。現在の地形図ならば、等高線を丁寧に追っていくことでヒントを得られますし、さらに、同じ場所を古い地形図と比較すると多くの発見が得られます。

古い地形図を見るのに便利なのが、時系列地形図閲覧サイト「今昔マップ on the web」(http://ktgis.net/kjmapw/) です。このサイトでは明治以降の過去の地形図を、現在の地形図と対比しながら見ることができます。時代が9ブロックに分かれていて、明治、戦前、戦後、高度成長期、２０００年前後などを選択して比較していくと、地域の変化やその程度が手に取るようにわかります。

「今昔マップ」の対象は、都道府県庁所在地や各地方の中核的な都市部だけなので、全国各地の旧版地形図を入手したい場合は、国土地理院の旧版地形図謄本サービス(有料)を利用すると、旧版地形図を郵送してもらえます。手続きの方法や申請先などの詳しい情報は、国土地理院ホームページの「旧版地図の謄抄本交付申請」を参照のうえ、入手してください。

古い地図を見ると、今学校のある場所が昔は水田だった、この近辺に住宅が増えてきたのは昭和30年代半ばからだ、緑が残っているところは傾斜地や崖が多い、などがわかります。また、以前はどのような土地利用だったか、いつごろから変化が始まりどのように進んでいったのか、鉄道や道路と街の変化は関係しているのかなど、旧版地形図はさらに新しい興味や疑問を加えてくれます。地図を読むこと(「読図」といいます)は、地理の楽しみの基本中の基本といってよいでしょう。

加えて、先述のｗｅｂ「地理院地図」の活用をおすすめします。初めは少し難しく感じるかもしれませんが、国土地理院ホームページに詳しい使い方の説明があるので、参考にしながら挑戦すればすぐに慣れます。特に次の三つは私がおすすめしたいメニューです。

・「標高・土地の凹凸」――地形の凹凸が一目でわかる「自分で作る色別標高図」を作成できます。

・「土地の成り立ち・土地利用」――「土地条件図」や「地形分類」を見ることができます。

・「年代別の写真」――昔の土地利用の様子を、現在の地図と当時の空中写真を使って比較できます。また、写真の年代が選べるので、地域の変遷を瞬時に読み取ることができます。「現在の地図（地形図）」と「年代別の空中写真」を行ったり来たりしながら、わがまちの時間旅行を楽しんでください。

## ❺「マイクロ・エクスカーション」を作る

近所歩きを何回か続けていると、定型コースができてくるので、健康作りも兼ねたウォーキングコースにしてもよいでしょう。

もう一つは、「誰かにわがまちを案内するとしたら?」と仮定して、モデルコースを作ってみることです。

こうした、自宅の近隣というごく狭い空間をもう一度見直し、地理を楽しむ要素を加えたウォーキングを、私は「マイクロ・エクスカーション」（エクスカーション：遠足、小旅行、野外調査）と名づけました。

マイクロ・エクスカーションは自宅を中心とした地理散歩ですが、実は近所歩きのように見えて、中心点（コンパスの支点）や径を変えれば、このアプローチはどんな場所にも使えます。

・半径１㎞の範囲の深い観察眼や問題意識を応用すると、初めての場所や知らなかった土地を観る力にもなる。

・自宅周辺で学んだ地形や土地利用などの事例から、共通原理を見出すことで、他の地域も地理的に理解することができる。

・マイクロ・エクスカーションでの経験を生かせば、自宅周辺のまち歩きガイドマップが作成できる。

そうして、何もないと思われていた街を魅力あるわがまちにすることができるのではないでしょうか。

近所歩きは小さくても立派な「探検」になります。マイクロ・エクスカーションを極めて、身近な場所の魅力を発見しましょう。

## ❻ステイホームで見直された「近所歩き」

2020年春以降、私たちは新型コロナウィルスの蔓延という想像もしなかった環境の下で、不要不急の外出を避け、極力自宅で過ごすことが求められました。日ごろから人一倍、外を歩き回ることを愛する地理ファンにとって、長期の外出自粛は不自由で、ストレスも溜まったのではないかと思います。

こうした状況の中で旅行・宿泊業界では、「マイクロ・ツーリズム」ということが叫ばれるようになってきました。これは新しい旅行のスタイルとして、住居や生活拠点からさほど遠くないエリアをもう一度見直し、その良さを発見して楽しもうというものです。具体的には近距離の旅や宿泊先で、近隣の魅力を発掘し、体験するというアクティビティを展開するものでした。

近所歩き（マイクロ・エクスカーション）は、新たな感染症への対応に限りません。超高齢化社会を迎え、一人ひとりが自らの地域をより深く知り、地域の魅力を楽しむことは、心豊かな暮らし方に結びついていきます。同時にマイクロ・エクスカーションは、地域の人々やコミュニティとのつながりを強めることにも貢献できるはずです。ステイホームは「近所歩き」に新しい価値を与えてくれたのではないでしょうか。

# 4

## 地域のミニプロフィールを描いてみる

さて、今度は自宅の周囲から少し範囲を広げてみましょう。まず自分の住んでいる都市（市区町村でもよい）のプロフィールを描いてみることをおすすめします。

範囲は「○○市」でもよいですし、大都市なら「△△区」でもよいでしょう。

自分の住んでいる場所の人口くらいはなんとなく知っているのですが、地形、標高、気温、雨量、地質、植生、面積、土地利用など、地域のプロフィールというべき構成要素はふだんほとんど意識していません。別に必要でもないので調べもしないというのが普通です。逆に改めて調べてみると意外に手間がかかり、なかなか描けないものだということがわかります。すべてが勉強になります。

しかしこのプロフィールを知っていると、単にわがまちをよく知っているというだけでなく、他の地域との比較や規模感の把握がしやすくなる比較の「勘」が得られます。自分のものさしを持っていると便利なことがあるのです。

それに加えて、つながりや流れでものごとを理解するということも大事です。

どの町や村も人が住み着いてからこのかた、ポッンと存在してきたとは考えられません。何らかの形でその中心部と周辺部が、あるいはその市町村と他の市町村とが関係を結び役割を持ちながら成り立ってきたのだと思います。そうすると単にわがまちの自然や歴史的見どころ、名所や名物だけでなく、周辺とのつながりを知り比較する出発点として、プロフィールを押さえておく必要があります。

たとえば、次のAからCの3都市はどこでしょう?（なお、気象や人口の数値は各市のホームページから得た本書執筆時のものです）

### ○わがA市のプロフィール

①人口　6・3万人（天童市、白井市、丹波市、名護市とほぼ同じ）
②緯度経度（市役所位置）
北緯35度59分（大野市、オクラホマシティ、青島、テヘラン、アルジェが近い緯度）
東経139度5分（沼田市、新潟市、アデレードが近い経度）
③平均気温　14・1℃（金沢、彦根、松江に近い）
④年間降水量　1480㎜（宇都宮、大阪に近い）

⑤面積　５７８㎢
⑥市役所標高　２３３ｍ
⑦キーワード　盆地、山岳、森林、石灰岩、絹織物、観光、巡礼、地質学

＜答え・埼玉県秩父市＞

○わがB市のプロフィール

①人口　16・6万人（高岡市、小山市、秦野市、磐田市とほぼ同じ）
②緯度経度（市役所位置）
北緯42度55分（北広島市、デトロイト、シカゴ、ウラジオストク、タシケントが近い緯度）
東経１４３度11分（メルボルンが近い経度）
③平均気温　７・６℃（真冬の最低気温はマイナス13℃前後）
④年間降水量　９８８㎜（冷涼少雨。降雨日は少ない。上田市が近い）

図１-７　A市

図１-８　B市

⑤面積　６１９㎢
⑥市役所標高　39ｍ
⑦キーワード　台地、有数の畑作地、農業、開拓、大河川、都市計画

＜答え・北海道帯広市＞

## ○わがC市のプロフィール

①人口　12万人　（江別市、会津若松市、鴻巣市、伊勢市とほぼ同じ）
②緯度経度（市役所位置）
北緯33度27分（八幡浜市、串本町、ロサンゼルス、ダラス、バグダッド、カサブランカが近い緯度）
東経１２９度58分（大村市が近い経度）
③平均気温　16・5℃（大阪、静岡に近い）
④年間降水量　１９４８㎜（鳥取、熊本に近い）
⑤面積　４８８㎢

図１-９　C市

⑥市役所標高　５ｍ
⑦キーワード　玄界灘、砂浜、離島群、城下町、観光

＜答え・佐賀県唐津市＞

産業・経済や交通についてはほとんど取り上げなかったので、皆さんが補ってみてください。しかしこの最低限の項目でも十分比較のものさしが作れますし、特に自然環境の要素はあまり意識していないだけに重みがあります。

通常、「わがまちの紹介」というと、その沿革や歴史、観光名所や名物、地元出身の偉人や有名人の話といったものが付きものですが、逆にそれらを最小限にすることによって、ステレオタイプにならないプロフィールが生まれ、「わがまち」の地理的な存在感を表現することができるのではないでしょうか。

こうした作業をしていると、少しずついろいろな疑問や新たな関心が生まれます。同じ人口規模の都市を比較してはどうだろう？　同じ沿線や沿道、流域圏ではどうなっているのか？　隣の市となぜ差があるのか？　などといったことです。それと同時に、共通点のある都市には親近感が湧いてきます。そうすると、先ほどのような統計や資料だけでなく、関連する書籍や

データをあたって、もっと知りたくなります。

そこで何か自分の「こだわり」のテーマが生まれてくるかもしれません。たとえば姉妹都市や友好都市を訪ねるといった、自分だけの旅のテーマを作るきっかけにもなるのではないかと感じます。

自分が暮らしているところはいったいどんな場所なのかを知り、その自然環境の特徴や人間活動の蓄積を理解して、他と比較したり考えたりしてみましょう。

このプロフィール把握はどこでも構いません。住んでいる場所が一番手っ取り早いですし、最新情報が入るのでベストですが、単身赴任地や自分の出身地でも、気に入っている旅先でも、まずはその地域の全体像をつかんで、地域をより深く知るスタートにします。

## 5 小中学校の社会科教科書を読んでみる

地理の好きな方は、学生時代も地理が嫌いではなかったと思います。そのような皆さんへちょっと趣の異なるおすすめは、小中学校の地理の教科書を読むことです。

教科書の読みなおしというと、『もう一度読む○○日本史』のような、一般社会人向けの学びなおし書籍が今人気です。これらは世界史、物理、化学、地学など、さまざまな科目のものが店頭に並んでいて、大人とりわけ中高年層に高いニーズが存在しているようです。

もちろんそのような地理の本もあり、読み物としての楽しさはあるのですが、一方で「読んでみたが難しい」と感じる人も少なくありません。これらの書籍は主として高校の教科書をもう一度勉強する内容のよう

**図 1 - 10**
小学校５年生の社会の教科書

に思われます。私のおすすめは、もっと遡って小学校や中学校の社会科教科書を読むことです。地理の好きな人なら、楽しくて時間が経つのを忘れます（図1―10）。

現時点で小学生は5年生が地理に該当する社会科、6年生は日本史や公民のような内容になるので、5年生向けの社会科の教科書「小学社会」「新しい社会」などと名づけられたものが該当します。このような教科書には、私たちの国土、私たちの農業生産・工業生産などのテーマを、各地方の町や村を訪ねる形で考えさせる工夫がなされています。

たとえば教育出版の教科書を見ると「白根《しろね》郷の低地を生かしたももやなし、ブドウの栽培」「徳島県藍住《あいずみ》町でのビニール栽培の野菜」「水産物の基地としての根室とさんま」など、東京書籍の教科書では「祖谷《いや》での山地の暮らし」「沖縄の気候と農業や暮らし」「十勝の生活と寒さを生かした産業」など、非常に多くの事例が出ていて、しかも美しい写真を見ることができ、旅をした気分にもなれます。

今の教科書はすべて昔のB5よりもワイドなAB判（A4よりタテがやや短い）になり、写真や図解も豊富でビジュアルなものにすっかり変わっているので、テレビを見ながらでも寝そべりながらでも、リラックスして地理の世界に浸れるのです。

ちなみに価格も1冊300円から600円程度と信じられない安さです。もちろんこれでは物足りないという人もいるでしょう。その場合には中学社会「地理」をおすすめします。文字が多くなりますが、情報量は格段に豊かになります。しかも半分は海外、半分は国内ですから、外国の好きな方にも十分な内容です。

こうした教科書を眺めながら昔の授業を思い出すのもよいですが、知らなかった現在の実情もたくさん出てきます。ちょっと気になった場所へ、一度行ってみようかというきっかけになるでしょう。

また、最近の地理教科書を見ていると、新しい話題や問題提起も少なくありません。多文化共生の町作り、地方の人口減少問題、アイヌの歴史と文化など、大人こそしっかり理解しなければならない事柄も多いのです。

小説家の司馬遼太郎は、基本的な知識を得るときには子供用の本をできるだけ多く読んでいました。長年の独学から身につけた自分なりの勉強法だったようですが、子供向けの本は当代切っての学者が書いていて文章も明快であいまいさがなく、そのあと大人向けの本を読むと、夜が明けたように説明や描写がありありとわかってくる、というようなことを述べています(司馬遼太郎『風塵抄』中公文庫)。

なお、教科書を購入するには「全国教科書供給協会」のホームページなどを参照してください。東京などの大都市では教科書を扱っている大型書店もあるので、実際に手に取りたい場合は探してみるとよいと思います。

# 6
## もっと地理のある生活のために

さて、地理好き人間がさらに地理と親しむためにどんなことをしてきたのか、実例として私のことを紹介してみたいと思います。

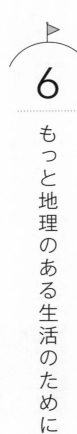

私が「地理」の魅力を初めて意識したのは、中学3年のころでした。きっかけは近所の書店で古今《ここん》書院の月刊『地理』という雑誌を見つけたことです（この月刊誌は今も発行されています）。当時は私鉄沿線の駅前商店街のようなところには必ず地元の書店があり、こうした少し歯ごたえのある雑誌も置いていたのですね。今のように個人経営の書店が激減した時代には考えられないことですが。

思い出されるのは、その雑誌の関西の「シシ垣」（イノシシなどの獣害を防ぐために畑などに構築された石垣や土手のようなもの。全国各地に古くから築かれ、1軒分の長さのものから延長数十kmに及ぶものまである）の記事を読み、このような分野の研究があることにとても興味を持ったことです。それまでの私は鉄道ファンでしたから本屋の立ち読みは鉄道雑誌ばかりでしたが、そういう「地理」という大きなジャンルがあることに気づき、それまで知らなかった広がりや深さのある、何か不思議なロマンを感じたという記憶が残っています。

その後、高校に入学して選んだのが地理クラブでした。その高校に地理クラブがあったのは幸運だったといえるかもしれません。ただ、クラブとはいってもそれは同好会で、部員も7~8人しかおらず、はっきりいってつぶれそうな部活でした。

ここでは毎年テーマを決めて、顧問の先生の指導の下、地理的な調査や勉強をして学園祭で発表するのですが、何といっても高校生にとっての魅力は、夏休みとその前後の現地見学や合宿でした。顧問の先生もまだ30代でエネルギーにあふれており、真夏にクーラーのない旅館で皆で雑魚寝したり、山道を最短距離で歩こうと藪《やぶ》こぎしながら蜂に刺されたりと、それは思い出深いものでした。

当時高校3年生は大学受験に集中ということで、実質的な活動は高校2年生までのわずか2年間の活動であっ

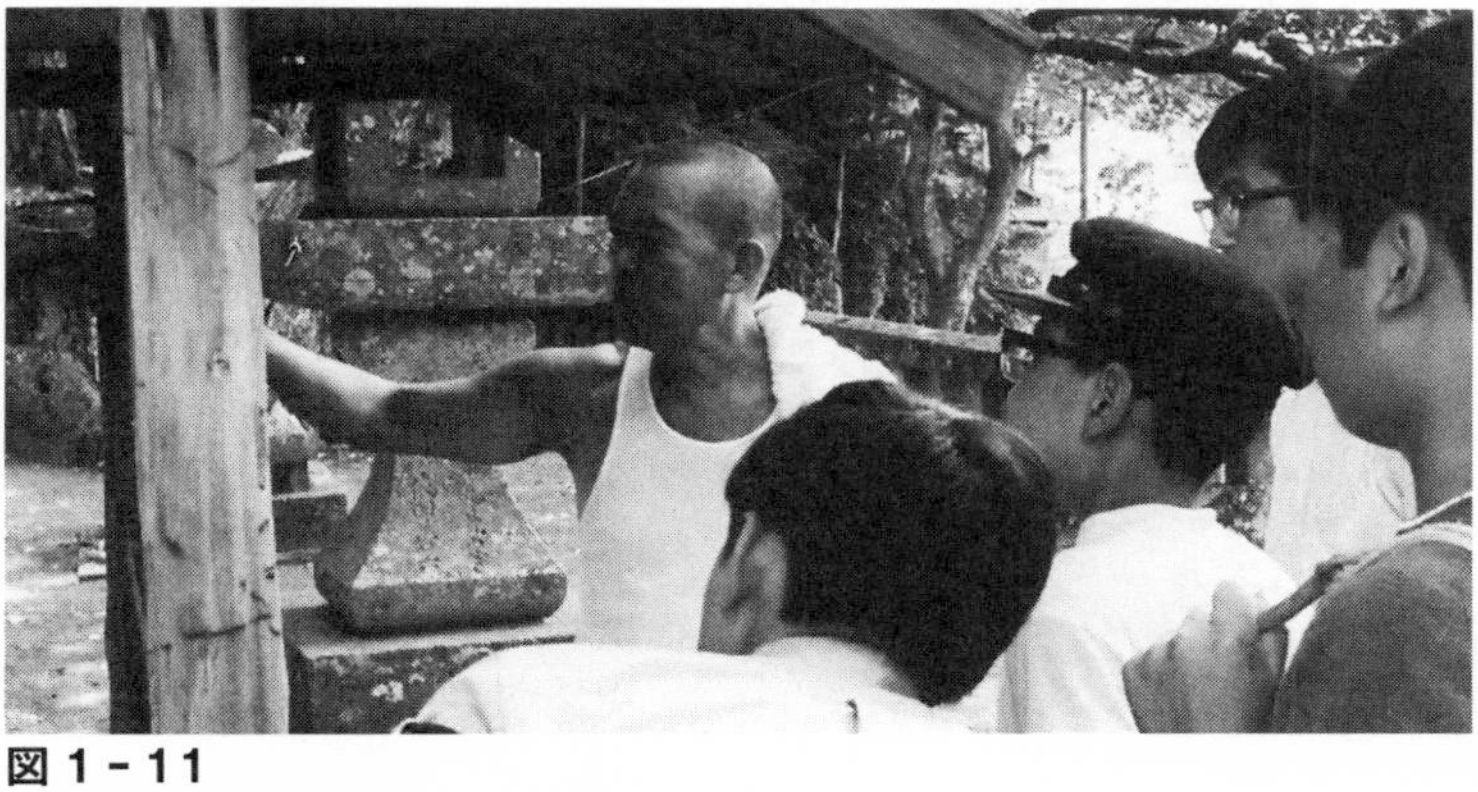

**図 1－11**
西伊豆・松崎町の神社で（1969 年 8 月）

たにもかかわらず、私の人生に非常に大きなインパクトを与えてくれました。

1年生のときは静岡県の浜松や三ケ日で合宿、2年生のときは漁業研究と称して西伊豆で合宿をしたり、銚子市を訪ねたりしました。そこで役場の方や漁業関係者にじかに話を聞くという、それまで経験したことのない地理研究の実践のおもしろさを味わったのです。どこへ行っても「学生さんが来た」ということで一生懸命説明していただき、それまで感じたことのなかった地域の営み、地方の生活の息遣いのようなものが感じられました。それが地理との長いつきあいの重要なカギになったように思います（図1―11）。

ところで、そもそもこの部活が生まれたのは、私より5、6年上の先輩たちが単に旅行をしたいという理由で声を上げたのがきっかけでした。その際、学校からは旅行研究会のような遊びの部活はだめだ、と一蹴されてしまい、やむなく地理を研究するクラブとしてスタートさせたという経緯があったのです。したがって各部員が本当に地理が好きなのか、単にどこかへ行きたいだけなのかはバラバラで、一つにまとまっているとはいえませんでした。しかし、いろいろな生徒たちがいたものの、休日を使って各地を歩き回ることで、顧問の谷澤利一郎先生がなんとか地理のおもしろさ、楽しさを伝えようとされていたのだ、と今になって思われるのです。

受験期になって大学で地理学を学ぶことも真剣に考えましたが、結果的には全く別の分野に進みました。大学に入ってからある雑誌の記事を見てめぐり合ったのが、在籍していた大学とは全く縁のない、全国組織の「野外歴史地理学研究会」でした。これは京都大学の藤岡謙二郎教授（故人）が、歴史地理学という自らの専門領域に留まることなく、さまざまな分野の専門家、企業人、学生、一般市民を募り、垣根を越えて地理を学ぶ活動をしていた、極めて意欲的な団体でした。

全体の構成人員としては大学関係者が多いものの、さまざまな分野の研究者はもとより、サラリーマン、主婦、もちろん学生もおり、どんな人にも門戸が開かれているという、京大らしい自由な会でした。関西が拠点なのでエクスカーションも近畿地方や西日本が多かったのですが、主幹（会長）であった藤岡先生の亡くなられた時期までの10年以上参加することができ、こうした会を東京でも作ることができたらどんなにすばらしいだろうと思ったものでした。

就職し社会人となった１９７０年代から１９８０年代は、オリエンテーリングが都会人のレクリエーション、地図のスポーツとして人気を集め、私鉄各社が積極的に沿線にオリエンテーリングコースを開設したり、休日に大会を開いたりするようになり、私もすっかりこれに熱中していました。当時のオリエンテーリングは競技ではあったものの、一方で、歩く楽しみというような要素も強く、ハイキングに近かったように思います。同時にオリエンテーリングは企業のレクリエーションや健康作り施策としても重宝され、私も自分の会社のオリエンテーリング大会で何度も事務局を務めていました（図1―12）。

東京近郊でいえば、高尾山や三浦半島、奥武蔵の山々などは、パーマネントコース（大会がなくても、いつ誰が行ってもコースが楽しめるもの）が充実しており、土日になると多くの市民が楽しんでいたことを思い出します。これらは地図を使ったゲーム、スポーツとして普及したのですが、クイズを組み込んだウォークラリーなど新手のアウトドアスポーツが生まれたり、自然の中での休日の楽しみ方も非常に多様化してきたこともあって、日本独特のオリエンテーリングは下火になっていきます。その後のオリエンテーリングは、クロスカントリー的な走るスポーツの要素が強くなり、どちらかというと大学や地域のクラブチームを母体として現在に至っています。

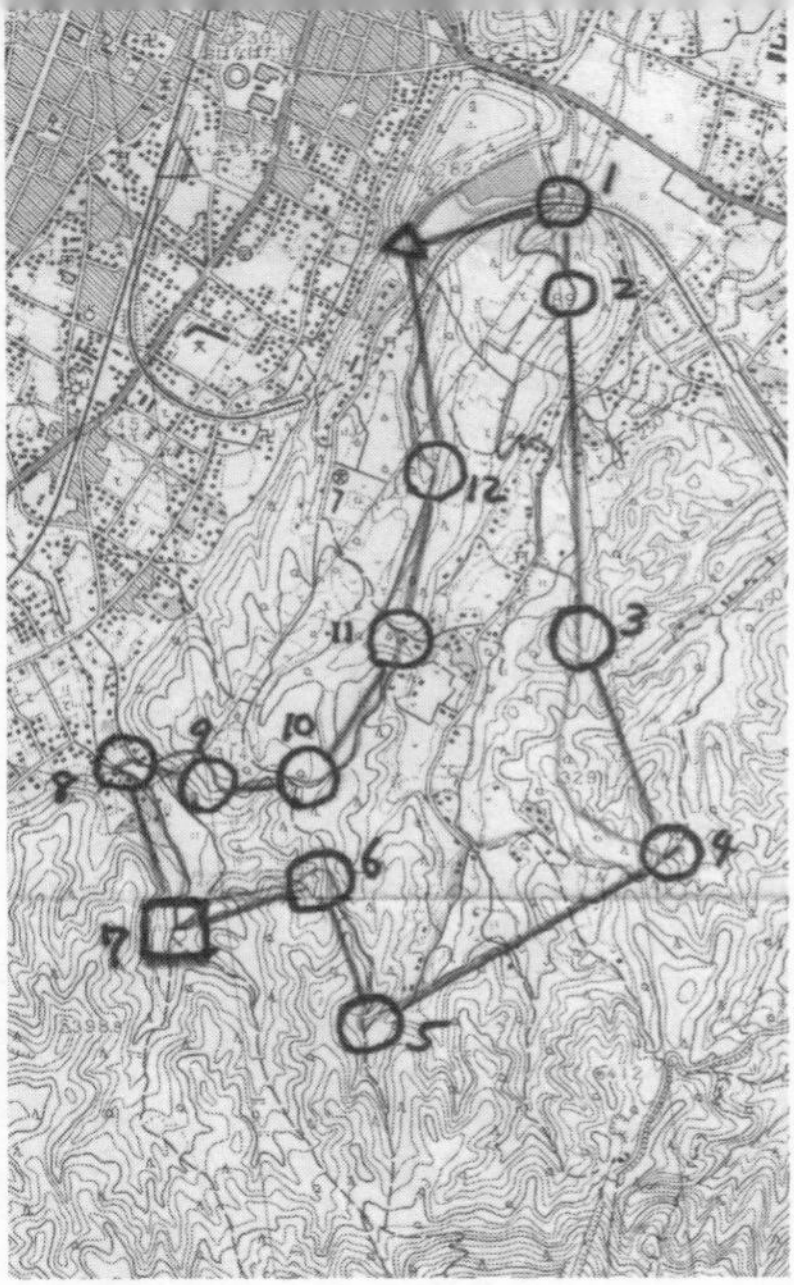

**図1-12**
初期のオリエンテーリング大会マップ（秩父、1978年ごろ）

当時、会社の中で直接地理と結びつくような仕事をする機会はありませんでしたが、夏休みや休日には、社内の友人たちと歩いて日本を横断したり旧道を訪ねる旅をしていました。今のようにまち歩きやミニトリップが巷にあふれている時代ではなく、個人的には大学の夏季講座であったり新聞社の市民講座といったものの中から、少しでも地理的な香りのする見学会やまち歩きのようなものを探しては参加していました。

社会人になってミドルと呼ばれる年代層になりはじめるころに入会したのが「地図の旅愛好会」です。

これは元高校の地理教員であった大沼一雄氏が、一般市民にもっと地図の楽しさや旅の楽しさを広めようと始められた会で、地図や地理を趣味とした、民間では当時唯一の会であったと思います。大沼さんは自著の東洋書店『日本列島地図の旅』シリーズ（全5巻）にあるように、国内のさまざまな場所を1ヵ所に1週間、10日間、とロングステイしながら、「地図を片手に現地訪問」というスタイルで、地理学的にその都市の姿を描き出していく達人です。

地図の旅愛好会は進め方もしっかりしており、偶数月第一日曜日の13：30から17：00までの時間で地図読み学習と発表を行ないます。そして春と秋には、地図の旅と称してまち歩きや旅行を行ない、あらかじめ学んできた対象地域を自分の目と足で確かめ考えるという構成でした。

そのような中で、自らの楽しみとして地理に親しむということは、非常に豊かな趣味であることを確信していきました。門外漢として日本地理学会や各地の地理学会にも入会したものの、巡検（エクスカーション）に参加するために会費を払っていたような状態ともいえましたが、地理が好きだというだけで入会してきたサラリーマンの会員は珍しい、と声をかけてくださる先生方もおり、今でもおつきあいさせていただいているのはうれしい限りです。

そんな移り変わりの中で、私は普通の市民が気軽に地理を楽しむことはできないのだろうか、と思うようになりました。見渡せば歴史の好きな人や集まりは巷に多く、アマチュアの研究者や、単に歴史が好きだから、という有志の勉強会も探せばあったのです。しかし地理に関しては、地理好きはいるものの地理の愛好団体というものはなく、しいていえば専門家の集まりの地理学会に入るしかないという状況でした。

それならば自分が作ってみよう、ということで立ち上げたのが「社会人の地理クラブ・地理の会」です。1996年春のことでした。地理好きな人間の集まりの場を、学会ではなくファンの側から追求してみたい、という考えからでした。

以降、今日に至るまで年間4～6回のペースで、巡検《じゅんけん》（実際に現地を訪れ、歩きながらその土地の自然や歴史、暮らし、産業、交通、文化、加えて地域の変化を学ぶこと）、講演会（地理に関するさまざまな話題を専門家に来ていただき学ぶ機会）、例会（情報交換会）などを重ねて、120回を超える行事を行なってきました。この地理の会の内容は第5章で詳しく述べたいと思います。

一地理ファンの試行錯誤をお話ししてきましたが、その都度いろいろな方にめぐり会い、刺激を受け、アドバイスをいただけたことは忘れられません。

# 第2章

# 地理のある旅

# 1

# 小さな地理の旅を始めよう

地理のある旅を計画してみましょう。特にマニュアルは必要ありません。「このまちは一度歩いておきたい」「このエリアがちょっと気になる」「関心があるところだがなかなか行けない」というような行き先を訪ね、地理好きの目で見て歩いて学ぶということで十分です。いろいろなところへ出かけはじめるとますますフットワークがよくなり、さらに新しいところ、違った場所へと、出歩きたくなってくるものです。

初めて地理の旅をしてみようと考えても、行きたいところが思いつかないときは、テレビ番組などで話題になっているところからスタートしてもよいでしょう。それも一つのきっかけになります。『ブラタモリ』の舞台なら放送後に詳しい単行本がシリーズで出ていますから、まずはそれをたどっていくことから始めてみるのも手軽な方法です。

また新聞や雑誌の記事を読んで気になった場所でもよいと思います。首都圏ならば『東京人』や『散歩の達人』などの雑誌を開くと、毎月まち歩きの候補地が山ほど見つかります。

自分ならではの直感を大切にして、地理を楽しめそうな小さなプランを企画してみます。

初めてのまち歩きでは下調べもなしでいいのではないでしょうか。仮に何かの掲載記事を読んでその街をそのとおりに歩いたとしても、掲載された内容とは違う何かに気づくはずです。ただしそのためには、記事に出ていた場所を一つひとつ見るために先を急ぐのではなく、自分なりのペースで歩くことをおすすめします。掲載記事はその街の存在を紹介してくれた程度に考えておくのです。

繰り返しますが、まずとにかくフィールドへ出て歩いてみましょう。本や雑誌を読んでみておもしろそうなところだと思っても、実際にそこへ足を運ぶ人は驚くほど少ないのです。行動することが大事です。

# 2

## 公開講座やまち歩きツアーを利用する

### ❶カルチャーセンターや公開講座への参加

最近、地理の分野では、手軽に参加できる教室やイベントが、たくさん用意されるようになりました。大学の公開講座、カルチャーセンター、まち歩きの団体・グループの行事、地域行政による企画、旅行会社のツアーなどです。これらはどうしても大都市周辺が多いのは否めないのですが、どの地方や地域でも、市町村や博物館などが主催する、その地域でしか企画できない貴重なイベントも少なくないので、こまめに情報収集することをおすすめします。

街のカルチャーセンターや生涯学習教室、大学の公開講座では、地理や地学に関する講座が増えています。昔は文学、歴史、語学というのがこうした教室での定番でしたが、街、地理、地形などを扱ったものがこの10年くらいで目立ってきたのです。

手元にある大学の公開講座の中から、地理の好きな人に向いているものを紹介しましょう。本書執筆時の案内冊子から少しピックアップしただけで、これだけ出てきます。

・「東京山の手の地形と街並み」（早稲田大学エクステンションセンター講座）
・「地図でさぐる地形学」（〃）
・「都心の微地形」（〃）
・「大地の自然史と人間社会」（〃）
・「東京・横浜地域の地形と災害」（〃）
・「地形と歴史から読み解く鉄道路線ルートの秘密」（〃）
・「都市研究　金沢」（青山学院大学アカデメイア）
・「都市研究　ポートランド学」（〃）
・「ちば新発見再発見　地理歴史街探訪」（敬愛大学生涯学習センター）
・「学びなおしの地理歴史　千葉の地理歴史を学ぶ」（〃）
・「東京の田園都市と分譲地」（東京都立大学東京オープンユニバーシティ）
・「東京古道散歩」（新潮社新潮講座）
・「東京の地形を本で読み解こう」（〃）

どれもおおむね3ヵ月から6ヵ月程度のコースです。こうしたセミナーは意識して探している人には知られているのですが、そうでない人には全く気づかれていない世界です。こんなにもいろいろな講座をやっているのか！　と驚いてしまいますが、毎学期、講座の内容は変わるので、まずは大学の公開講座や市民向け講座などのホームページで検索して、最新のプログラムを確認してみましょう。

私もこうした公開講座には何度か参加しましたが、著書を読んだことのある講師の話を直接聞けるのは感激でした。また講師の方々は研究や教育の仕事から引退した後に務めている方が多く、時間にゆとりがあり、個人的な質問にも丁寧に答えてくださることが多いと感じました。

また、概して自然地理や地形などの分野は、自分一人で勉強したり本を読んだだけではなかなか理解できない内容が多いため、こうしたセミナーを活用したほうが効率的でしょう。

公開講座には座学の講義だけでなく、現地見学やまち歩きを組み合わせたものも少なくありません。人気が高くすぐに満員になってしまうものも多いので、早めに手続きをしておく必要があります。

参加者はおしなべて非常に熱心で、欠席も少ないといえます。コースによっては非常に積極的な受講生もおり、授業だけでは飽き足らず自主的な勉強会を作り、講師にお願いして現地見学会を行なっている講座もありました。いずれにしても講座の会費（授業料）は1学期あたり1万~3万円くらいはしますから、よく考えて選び、自分なりに大いに活用する気持ちで参加すべきだと思います。

なお、2020年からはオンライン講座も増えていますので、常に最新の情報をホームページでチェックしてください。

## ❷地理愛好団体の活動に参加

地理や地図の愛好団体の活動も増えています。これらは一般的に参加費も安く、地理好きに合わせたメニューでもあることから、目的や場所など、自分の好みに合わせて参加してみるのもよいと思います。大半が同好会としての任意団体ですが、ビジターでいつでも自由に参加できるケースと、年会費を納め会員として入会しなければ参加できないケースがあるので、ホームページなどでよく確認してみましょう。

組織的に行なっているところや、必要に応じて開催しているところなど、活動の頻度はさまざまですが、どの会も巡検、まち歩きなどに積極的に取り組んでいます。

### ○主な愛好者団体

・地理の会　http://geo-friends.net/
・地図の旅愛好会　https://chizunotabi.web.fc2.com/
・関西地理の会　http://19481941.blog.fc2.com/
・地図倶楽部　http://www.jmc.or.jp/map-club.html

・スリバチ学会　https://www.facebook.com/東京スリバチ学会-244181622819O9/
（スリバチ学会は全国に各スリバチ学会があるので、代表して東京スリバチ学会を掲載します）
・境界協会　https://www.facebook.com/zakaizakaizakai
・地図情報センター　https://chizujoho.jpn.org/
なお、スリバチ学会の行事や境界協会の行事は左記のまいまいとコラボして開催されているものもあります（「まいまい」は京都で設立され、基本的に現地に詳しく独自の視点を持つ市民ガイドが、街の潜在的なおもしろさを発掘するミニツアーで構成されています）。
・まいまい東京　https://www.maimai-tokyo.jp/
・まいまい京都　https://www.maimai-kyoto.jp/

右記のような愛好団体ではありませんが、ジオパークのジオツアーに参加することもおすすめします。日本には２０２０年現在、公式に認定された43の日本ジオパーク（うち九つは世界ジオパーク）がありますが、それぞれのジオパークがさまざまな一般向けのジオツアー（見学会、歩く会、説明会など）を行なっています。

ジオツアーというと地質や地学の勉強のように思われる人もいますが、ジオパークは地質や地形を切り口に、人々の生活、文化、歴史も含めた、地球と人の関わり合いをテーマとしており、自然も人文もともに楽しめる企画がたくさんあります。一度、日本ジオパークネットワークのホームページからリンクされた各ジオパークのサイトを覗いてみてください。

○日本ジオパークネットワーク（「日本のジオパーク」https://geopark.jp/geopark/）

・世界ジオパーク　洞爺湖有珠山／アポイ岳／糸魚川／隠岐／山陰海岸／室戸／島原半島／阿蘇／伊豆半島（9地域）

・日本ジオパーク　白滝／三笠／とかち鹿追／下北／八峰白神／男鹿半島・大潟／三陸／鳥海山・飛島／ゆざわ／栗駒山麓／佐渡／磐梯山／苗場山麓／立山黒部／浅間山北麓／白山手取川／下仁田／恐竜渓谷ふくい勝山／筑波山地域／秩父／南アルプス／銚子／箱根／伊豆大島／Mine秋吉台／おおいた姫島／南紀熊野／四国西予／おおいた豊後大野／霧島／桜島・錦江湾／三島村・鬼界カルデラ／島根半島・宍道湖中海／萩

（世界ジオパークを含め43地域）　２０２０年4月現在

最後に地理学会関連です。日本地理学会や各地の地理学会でも、定期的にイベントが開催されています。ただ、会員構成は圧倒的に大学や高校の先生方の比率が高いので、一般市民が気軽には参加しにくいかもしれませんが、門戸は開かれています。関心のある方は、まずは日本地理学会のホームページを見て、そこからリンクされている関連のある地理学会（人文地理学会、経済地理学会、群馬地理学会など、ジャンルや地域の地理学会など）に問い合わせてみるのがよいと思います。

・日本地理学会　https://www.ajg.or.jp/

## ❸旅行会社のツアーへの参加

近年、旅行会社も日帰りのツアーをいろいろ用意するようになってきました。

少し前までは日帰りというとバスツアーが主流だったのですが、最近は「現地集合・現地解散」の徒歩による半日・1日ツアーも人気を集めています。新聞社系の旅行会社や旅行大手のC社などが多くのコースを用意していて、サイトには地理や歴史のまち歩きが数多く出ていて目を奪われます。

参加する側にとっては、1人でも参加できる手軽なこのようなツアーには手が届きやすいですし、前後の時間が自由なので、現地で自分の計画と組み合わせることもできるメリットがあります。主催者側もビジネスとして人手を省け、単価は小さいものの参加者をより大型の旅行へ誘導できるステップとしても有効なのではないか、などと想像しています。
この現地集合・現地解散の徒歩ツアーは、サイトの予約ページを見ると、週2回・3回と催行回数の多いコースでも満員になっている状況で、好評であることがわかります。

たとえば、次のようなコースがあります。

・「江戸古地図で巡る東京の街並みと老舗の味」
午前中に集まり、都心部を古地図片手に歩きながら、昼は歴史のある老舗でランチ、夕方早めに解散、といったパターン。

・「東京23区歩き：○○区」
23区を順番に、その区のシンボルゾーン、知られざる名所などを回る、どちらかといえばウォーキング重視のコース。

・「大人の社会科見学」
工場や著名建築物、美術館などを組み合わせながら、個人では見学できないところを団体のメリットを生かして見学できるコース。

さすがに旅行会社の企画だけあって、地元ならではの名店のランチがセットされていたり、説明中はレシーバーが貸し出され、離れていても案内人の説明を聞くことができるサービスがあるなど、どれも工夫がこらされています。

こうした企画のガイドは「〇〇先生と歩く」というものもありますが、多くはそのエリアのボランティアガイドなどが担当しているようです。

どのコースも1回6千~7千円はかかってしまいますが、おまかせするほうが楽だという方には、入門段階として試してみるのもよいでしょう。

# 3 地理歩きおすすめのまち

## ❶ 1人見学会の視点

さて、ここからは、オリジナルで作り上げる自分だけの「地理の旅」へ話を移しましょう。

行き先は首都圏ならば、東京から半日か1日で往復できる関東圏の都市などが好適ですね。東京や大阪、横浜、名古屋などの巨大都市は、あまりにも大きすぎて一つのまとまりとしては訪問先の対象に向かず、魅力も感じられません。むしろ人口が数万～数十万程度の独立性のある都市や地域を、じっくり歩いてみることをおすすめします。そしてできれば観光地は外しましょう（首都圏なら鎌倉、川越、箱根など）。

一方で、縁もゆかりもないところや関心事のないところに行っても、興味が湧きにくいでしょう。訪問動機は強い行動力をもたらすので、その土地との縁を見出したいものです。どんなことでもよいと思います。友人が住んでいてよく話を聞いていた、行ってみたかった美術館がある、好きな歴史上の人物と関係がある、乗ったことのない鉄道路線に乗れる、変わった地形がある、わが家のルーツの場所らしい、ということも訪問のモチベーションや選定基準になります。

地理学や地学の世界では、「巡検」といって、ある地域やサイト、自然景観、街や集落などを訪問し観察して学ぶ活動を行なっていて、これをとても重視します。巡検は案内者や指導者からの説明が魅力で、ときには指導者から発せられる質問や問題提起、指導者や参加者同士の意見交換、情報交換などで貴重な学びの機会が得られます。

ただ、巡検という名前自体が硬いのと、文字のイメージがちょっと〝上から目線〟なので、最近は「巡見」という字を使う先生もいます。ともかく「巡検」という言葉があることは覚えておきましょう。

本書の「小さな地理の旅」では、地理学でいうところの「巡検」を１人で楽しもうというわけで「１人巡検」ということになりますが、アマチュアの地理好き人間ですから「地理の旅」「野外観察」「フィールドトリップ」など、そのときに一番ぴったりしたいろいろな言葉に置き換えても構わないと思います。

専門的な巡検に参加しなくても、「１人見学会」でも、現地を見て歩くことの中から、さまざまな発見や疑問を感じることは十分可能です。野外のフィールド自体が皆さんにいろいろな質問を投げかけてくれるでしょう。

## ❷地理歩きの候補地

特別な名所があるわけではないが一度訪れてみたいところ、あまり情報がなく行ってみないと全体像がつかみにくいところ、ある程度歩いて見られる範囲にいくつかのスポットがあり一つのまとまりとして観察できるところなどが、格好の訪問先になるでしょう。そこに東京から半日、1日という条件を掛け合わせてみると……私が例を挙げるならば次のようなところが有力候補です。

・埼玉県吉川市、千葉県流山市（東京から20～30km圏）
・埼玉県久喜市、加須市、飯能市（同　40～50km圏）
・神奈川県秦野市、千葉県大多喜町（同　60km圏）
・神奈川県松田町、山北町、群馬県大泉町（同　70km圏）
・茨城県結城市、山梨県都留市（同　70km圏）
・茨城県桜川市、群馬県桐生市（同　80km以上）

これらの都市のポイントを次ページの表にまとめましたので参考にしてみてください。

| 番号 | 1 | 2 | 3 | 4 |
| --- | --- | --- | --- | --- |
| 東京からの距離 | 20 ～ 30km圏 | | 40 ～ 50km圏 | |
| 候補地 | 埼玉県吉川市<br> | 千葉県流山市<br> | 埼玉県久喜市・加須市<br> | 埼玉県飯能市<br> |
| 人口（人） | 7万 | 20万 | 計26万 | 8万 |
| 自然に関係するポイント | 埼玉県南東部<br>江戸川と中川に挟まれた沖積地、水害の記憶、自然堤防 | 千葉県北西部<br>旧小金牧のある台地と江戸川沿いの低地 | 埼玉県東北部<br>利根川中流域で関東平野の中央部<br>旧利根川流路の日本屈指の河畔砂丘、古利根川の乱流による低湿地、縄文期の奥東京湾、水生動植物 | 埼玉県西部<br>関東平野の西端、谷口集落、河岸段丘 |
| 人文・社会に関係するポイント | 吉川河岸の繁栄、稲作地帯、川魚料理、土俵だわら、なまずの里、武蔵野操車場跡地大規模再開発とまち作り | 良質な米と水、江戸川水運、利根運河、みりん製造、土蔵造りの商家など江戸川沿いの街並み、旧葛飾県庁～印旛県庁、旧市街と首都近郊都市、つくばエクスプレスの沿線開発 | 鷲宮神社門前町とアニメ聖地巡礼、<br>こいのぼりの地場産業、水郷での新田開発、農村と都市の調和、うどん、平野での3県境 | 林業（西川材）、青梅縞集散地、市場町、飯能戦争と戦禍、住宅開発と観光開発、レクリエーション施設開発 |

**図2-1**

1人でも地理歩きおすすめのまち

| 8 | 7 | 6 | 5 | 番号 |
|---|---|---|---|---|
| 70km圏 | | 60km圏 | | 東京からの距離 |
| 群馬県大泉町<br> | 神奈川県松田・山北町<br> | 千葉県大多喜町<br> | 神奈川県秦野市<br>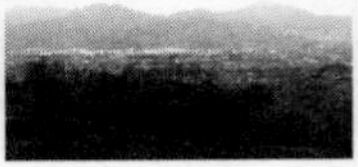 | 候補地 |
| 4万 | 計2万 | 9千 | 16万 | 人口（人） |
| 群馬県南東端に近い、南に利根川 | 神奈川県西端部<br>谷口集落、酒匂川の氾濫と治水<br>山岳部は丹沢山塊と清流、丹沢湖 | 房総半島のほぼ中央<br>山間部盆地、段丘上の街<br>国内初の水溶性天然ガスとその活用 | 丹沢山塊南部の陥没盆地<br>扇状地と土地利用、涸れ川、関東大震災と震生湖、名水の湧水群 | 自然に関係するポイント |
| 多文化共生施策と市民生活（多くの外国人登録・人口の2割）、人口密度高い、軍需都市から工業都市へ、工業製品出荷額大（食品、自動車関連、機械） | 交通の要衝、旧街道、国道・高速道路、鉄道の街の盛衰、みかん | 城下町と街並み、天然ガス井と天然ガス開発、いすみ鉄道 | 元タバコ産地・かつての取引・技術の中心、落花生、花卉、内陸工業団地と地下水、軽便鉄道跡 | 人文・社会に関係するポイント |

| 番号 | 9 | 10 | 11 | 12 |
| --- | --- | --- | --- | --- |
| 東京からの距離 | 70km圏 | | 80km以上 | |
| 候補地 | 茨城県結城市<br> | 山梨県都留市<br> | 茨城県桜川市<br> | 群馬県桐生市<br> |
| 人口（人） | 5万 | 3万 | 4万 | 11万 |
| 自然に関係するポイント | 茨城県北西端<br>鬼怒川と台地 | 山梨県東部<br>富士湧水群、桂川段丘上の街、谷底平野 | 茨城県西・筑波山の北側<br>筑波山地域ジオパークの構成地域として花崗岩に関係する加波山・足尾山など4つのジオサイト | 足尾山地南西端<br>谷口集落、長い日照時間、渡良瀬川・桐生川 |
| 人文・社会に関係するポイント | 結城紬、桑製品、桐製品、関東有数の古い城下町、鬼怒川水運・舟運の盛衰、見世蔵、露地野菜 | 城下町谷村と郡内地方の中心、伝統織物産業（甲斐絹） | 中世城下町から陣屋、在郷町、木綿流通の拠点、<br>重要伝統的建造物群保存地区 | 関東最大級の絹織物産業、近代化遺産（桐生新町の街並み、織物工場や関連施設の景観、ノコギリ屋根など絹遺産群）、重要伝統的建造物群保存地区 |

○1や2は東京から近く、わずかな時間で行くことができます。

都心からの距離が近く住宅開発が進んでいて、この10年、20年に開発された新しい街区と古くからの街や集落が併存している様子を比較できるところといえます。

東京の西側・南側は、早くから都市化してしまったため、住宅地ばかりで魅力が少ないと私は感じていますが、その反対に東京の北側、東側には、1や2のような訪ねてみたい都市がありますす。同心円上では松戸や鎌ケ谷、野田なども候補地としておもしろいでしょう。

○3や4は通勤電車の終点エリアとしてマージナルな魅力があります。

この付近が高度成長期までは東京の住宅地として通勤時間の上限に近いところだったかと思います。したがって、旧来の都市景観や自然の諸相もまだ色濃く感じられます。

住民の高齢化、人口減少などにより、東京通勤者の受け入れによる単純な人口維持策から新しい方向性を模索している点でも、いろいろな考察ができる場所だと思います。同心円上の取手や龍ケ崎も歩いてみたい都市です。

○5や6になると独立性が高くなります。

首都圏に位置するといっても、東京との関係は、通勤より観光やレクリエーションの比重が増し、通勤圏とは全く違う独自の産業基盤や地域の自律的な特色を有しています。

このグループは同心円上につくば市や古河市、行田市、三浦半島の三崎など、個性のあるエリアが多く、私のおすすめ圏です。

**◯7以降、特に9〜12の街は、首都圏ではなく、それぞれの地域で中心的機能を果たしている諸都市です。いずれも誇るべき産業や文化を持っているところですが、徐々に人口減少が進行しています。**

ほぼ同じような距離感の、地理ファンにとっての人気エリアが、JR両毛線や水戸線沿いの街です。足利、佐野、栃木、筑西など観光面でもアピールしているところがありますが、それぞれ地理的な見どころも多く、「地理旅」にはうってつけです。山地の裾（山麓）で山間部からの河川や交通路の出口にあたるところには街が発達する例が多く、少し西側になりますが、八高線沿いの寄居、小川、ときがわなども歩いてみたい魅力を感じさせるものがあります。これらのまち歩きならば、1泊して2ヵ所行くプランもよいでしょう。

このような行きたい場所やアイデアが思いついたらメモしたり、地図に書き込んでおきましょう。すぐに忘れてしまうからです。私は白地図に行きたいところを次々に書き込んで溜めています（261ページ参照）が、興味のあるポイントが同じエリアにいくつか重なったら、そこへ出かけるニーズが高くなったことにもなるので、計画にエンジンがかかります。

そして、自分であまり条件を厳しくしないようにしましょう。「銚子（沼田でも富士宮でもいいのですが）まで行ってみよう。でも、日帰りかぁ」と躊躇しないで、少し遠いところも日帰りや短時間でも行ってみるべきです。一度でも行ってみるのと、全く行ったことがないのでは大きな差があります。名前しか聞いたことがなかった人でも、一緒に仕事をしたり同じ職場になったりすると身近になるのと同じく、文字でしか捉えていなかった街を実際に訪ね、人々が生きている場所として具体的に実感することが大切です。

さて、行きたいエリアや街のイメージができましたか？　いよいよ実施する時期を考えて具体的な準備に入りますが、その手順やポイントは次の第3章を参考にしてください。

その準備のためにも、具体的に地理の旅をしたときのイメージとして、先ほどの12の街の中から次の二つの事例を紹介しておきます。

事例1は10番の山梨県都留市、事例2は7番の神奈川県松田町・山北町への日帰り1日コースです。それぞれ、見学会を行なう前の、下調べに行ったときのメモをベースに、訪問記録の形でまとめてみました。

事例 1

一つのまちの全体像を楽しむ

# 「山梨県都留市を訪ねる」

○プロフィール

都留市は山梨県東部の「郡内地方」とも呼ばれる地域に位置する。甲府盆地・県西部地域を指す「国中地方」と対比され、山梨県の東側県域を形成している。川筋は相模川・桂川水系であり、相模・武蔵（関東地方）との結びつきが強い。地形的条件から水田は少なく、畑作が中心だ。

郡内地方の中心都市が都留市で、かつては山梨県第二の都市であったこともあるが、現在では人口は県内第9位の3万1000人である（訪問当時）。

この街は大月と富士吉田の間に位置し、富士山や富士五湖への旅行の際にはいつも通過してしまう街だが、城下町、陣屋町、機業地、文教都市、水力発電の街など多様な顔を持っており、地理好きとしては街全体を楽しむことができる。

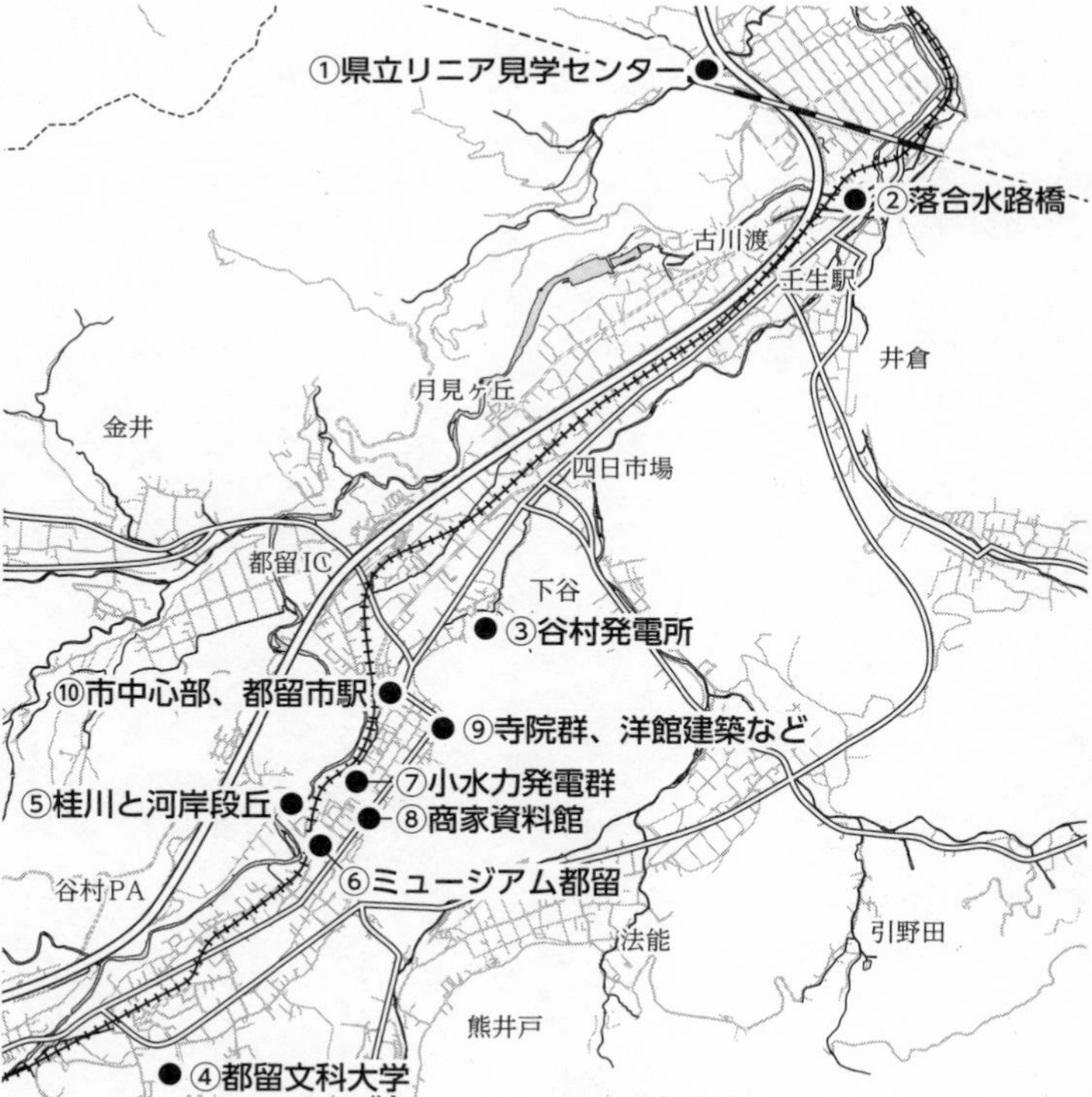


**図 2-2**

都留市を訪ねる （概念図）

（国土地理院「基盤地図情報」を利用して作成）

——4月のある日

JR中央線大月駅出発　10：00

↓県立リニア見学センター（バス利用）

43㎞のリニア実験線の脇に立つ山梨県の施設。1997年の実験線走行開始とともに開館した。リニアの概要がわかるようになっており、展望もできる。

リニアの話題は、その原理や走行性能、車両に関心が集まりがちだが、地理好きには、なぜここに実験線が建設されたのかに関心がある。路線の大半が山岳地帯のトンネルのため山梨が好条件であったこと、実験線が将来そのまま営業線に転用できること、東京にも近いことなどが要因ではないかと考えてみる。

↓東京電力駒橋発電所落合水路橋（禾生《かせい》駅近く、徒歩）（図2—3）

富士山からの豊富な地下水を集めた桂川から、安定的な水源を確保できるこの地に、1907（明治40）年に誕生した水力発電所。以降の大規模水力発電の始まりとなった記念すべき施設。登録有形文化財のレンガ造り水路橋（1・5㎞上流の取水口から駒橋発電所への水路）は、今も現役である。高い位置から眺めると、

**図２-３**

登録有形文化財の落合水路橋

レンガ造りの上部の溝に豊かな水が流れていて、橋はゆるやかなカーブを描いている。周囲の風景に溶け込んでおり、明治の人の電気に対する強い想いのようなものを感じる。

↓東京電力谷村発電所（都留市郊外、徒歩）

桂川水系には10ヵ所近い水力発電所が立地しており、産業遺産として歴史的価値が高い。都留市中心部からすぐの谷村発電所は、地元財界の名士であった雨宮敬次郎によって創設された桂川電力の発電所の一つ。発電所の前に祀られた桂川神社と、山の斜面を下る巨大な水管が見事。水力発電所というと黒四ダムのような巨大なものを想像してしまうが、日本の近代化において、当時の人々が東京に送るための電源を懸命に探し、桂川水系に初期の発電所を建設したのを知ることは必要だ。

↓都留文科大学、楽山公園へ（徒歩、展望）

都留市が設置する公立大学法人で、教員養成の実績がある。現在公立大学で小学校教員免許を取得できるのは、全国でここを含む数校のみという。地元出身の学生は少なく、圧倒的多数の学生は全国から集い（学生の3分の2が県外という）、大学周辺はアパート、マンションが連なる学園町の様相である。実に都留市の人口の約1割が、この大学の学生で占められているという。大学

**図2-4**
楽山公園付近からの都留市眺望

構内の楽山公園を歩き、都留市の中心部を南側の高い位置から眺望する（図2―4）。
↓昼食
↓都留文科大学前駅発（富士急行で）谷村町駅着
↓富士見坂と桂川段丘（徒歩）
谷村町駅の北側を数分下れば桂川の崖になる。中心市街地のすぐ裏手に急流が見られるというのも、河岸段丘の街・都留らしい景観。対岸は「川棚」という、いかにも段丘を連想させる集落地名。
桂川沿いは富士山、箱根連山の多量の火山噴出物を含んだ段丘が連続している。段丘は幅が狭く長い形となっており、畑や市街地もこの段丘上にある。
↓ミュージアム都留（見学）
谷村の街角にある市立博物館を見学。郡内織物、甲斐絹《かいき》の歴史や現状などを学ぶ。
↓小水力発電見学（徒歩）（図2―5）
小水力発電は「元気くん」と名づけられ、1号（20kW）3号（7kW）、2号（19kW）の順に、稼働中の発

**図2-5**
小水力発電「元気くん2号」

電機を見る。

動力源の水流を与える家中《かちゅう》川は街中の小川といった印象だが、水量は豊か。想像以上に住宅がすぐそばまで建て込んでいる現地では、住民の理解と協力があってこの取り組みが可能になっていることを知る。

都留市は小水力発電普及の最大のカギといわれる（河川を発電目的に使うための）水利権の許可も円滑にクリアしているなど、小水力発電のモデル都市として視察が絶えないという。

↓市街地（徒歩）（図２―６）

（商家資料館：絹問屋仁科家住宅↓桃林軒：芭蕉寓居↓ふるさと会館↓円通院↓菓子「ならや」↓市中心部商店街↓都留市駅）

「谷村」は、戦国時代、秩父の小山田氏が当地で勢力を有して以来、18世紀初めに領主・秋元氏が川越へ移るまでは城下町だった。その後も天領となり、幕末に至るまで郡内地方の中心として栄えた。近代になってからは、機業地や織物産業の街として、文教都市として、地域の中心であり続けた。その名残りの史跡や建物が街の至るところに残されている。また、レトロな洋館や昭和の雰囲気を色濃く残す建築散策も楽しめる。

**図２-６**

大正時代に建てられた絹問屋・仁科家を使用した商家資料館

↓
都留市駅着　16：30　富士急行、ＪＲ中央線で帰宅。

＊補足事項
右記の１日では、甲斐絹の機業地の工場などは訪問できなかった。もともと小規模な企業が多く、また大半が富士吉田市を拠点としているため、このまち歩きでの見学は難しいかもしれないが、博物館や市役所を通じて情報を確認してみることができたかとも思う。

事例 2

まちの特色を中心に楽しむ

## 「神奈川県足柄上郡　松田町・山北町を訪ねる」

○プロフィール
神奈川県西部の松田町は、古代から交通の要衝であり、近世の旧脇街道、近代の東海道本線、小田急電鉄、そして東名高速道路と国道などが通っている。かつては大雄山最乗寺の参詣口として、また蚕の集荷所としても繁栄した。

日本の「松田」姓の発祥の地といわれ、「松田惣領」「松田庶子」という珍しい地名が今も使われており、足柄地方の北の玄関として、温暖な気候でみかん栽培なども行なわれる落ち着いた静かな町となっている。

山北町は1889（明治22）年から1934（昭和9）年まで、東海道本線（現・御殿場線）の通る拠点として賑わい「鉄道の町」として歩んだ。町の総面積は225㎢で、横浜市、相模原市に次いで県下3番目の広さだが、9割が丹沢山地の山岳地帯で、山北駅は町の南端に位置している。鉄道の町の昔と今を感じ取りたい。

——7月のある日

小田急線新松田駅出発　9：30

**↓西平畑公園**（タクシーで上る）

松田山の南斜面を使った広大な公園。とりわけ足柄平野、相模湾の眺望と富士山の眺めがすばらしい。園内にハーブガーデンやみかん園もあり、家族連れの行楽地ともなっているが、地理のま

**図2-7**

西平畑公園から足柄平野の大パノラマ

ち歩きで組み込みたい高所からの展望地点としてふさわしい場所。特に酒匂《さかわ》川の流れと箱根ジオパークを構成する山々が遠望できる（図２—７）。

↓公園内のみかん園「内藤園」（徒歩）

公園内にあるみかん園（内藤園さん）を見学し、お話を伺う。この付近はみかんの産地として知られていたが、現在は観光農業に方向転換し、みかん狩りも季節を変えて早生《わせ》（10月くらい）から12月まで可能となるようにしているほか、春は梅、菜の花、桜などの花めぐり、秋は芋掘りと、観光客のニーズを発掘してイベントを行なっている。みかんの木オーナー制度は20年の歴史があり、都会の人に人気があるとのこと。最近は富士山が見える公園のみかん園として、外国人の来訪者も増えているそうだ。

↓三角土手（酒匂川・川音川合流部）（徒歩）

秦野盆地から流れる川音川が、酒匂川に注ぐ合流地点にある史蹟公園。１７３１（享保16）年の洪水で、ここにあった十文字土手が決壊してしまったため、酒匂川左岸の村々を守るために１７３４（享保19）年、蓑笠之介の指揮のもと強固な土手が築かれた。これが「三角土手」と呼ばれるようになり、その後１９０７（明治40）年の洪水で流されるまで、長くその役割を果たし原形をと

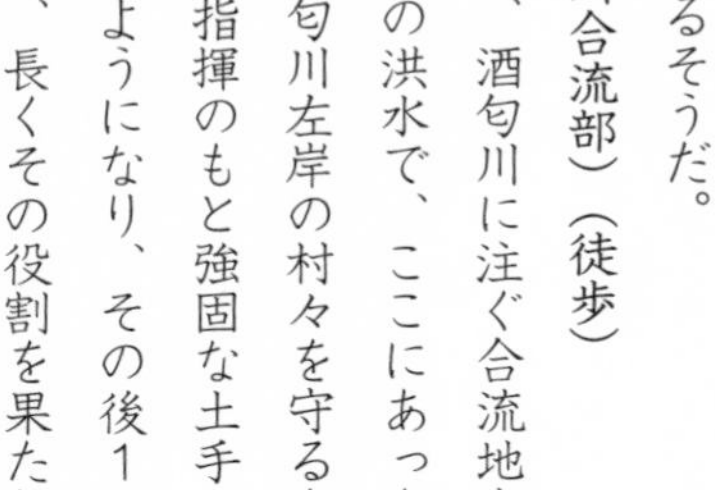

**図２-８**

秦野方面に向かう矢倉沢往還旧道

どめていたという。

↓矢倉沢往還（大山街道）（徒歩）（図2―8）

江戸から厚木、伊勢原、松田を経由して、足柄峠を越えて駿河にいたる街道。東京では大山街道、国道２４６号という名で知られている往時の脇街道。小田原藩の重要な交通路の一つでもあり、松田では馬継立を行なっていた。古い建築物はほとんどないが、当時の街道ルートをたどって歩く。

↓松田町民センター（徒歩）

休憩。館内に当地出身の横浜高校野球部、渡辺元智・元監督の展示コーナーがあり拝見。

↓二宮尊徳誕生地道標、御木本幸吉記念碑（徒歩）

二宮尊徳はここから遠くない小田原市栢山《かやま》に生家があり、記念館として残されている。小田急線がなかったころは、尊徳を慕ってこの松田駅から栢山に向かう人が多かったといい、そのための道標が駅前に残されている。三重県の真珠王・御木本幸吉の記念碑が、なぜかここにある。御木本と松田とのつながりは不思議な感じがするが、彼は二宮尊徳を崇敬し、「海の尊徳」を目標として仕事に取り組んだという。そして当時、二宮尊徳の生家が荒れ果てていることを悲しみ、明治42年に私財を寄付し、保存・修復にあたった。その記念としてＪＲ線の松田駅前に石碑が立てられた。

↓寒田《さむた》神社（徒歩）

寒田神社は、平安時代中期の「延喜式神名帳」に記載された延喜式内社の一つで、相模十三社の一つ。松田では最も古い神社で、日本武尊（ヤマトタケルノミコト）が東征の際に立ち寄ったという伝説もあり、境内に「腰掛石」が残っている。この神社の南側の十文字橋で、酒匂川を渡る道が矢倉沢往還。

↓昼食

↓新松田駅と松田駅

1889（明治22）年の東海道本線開業・松田駅開設から1934（昭和9）年の東海道本線の熱海経由化まで大動脈の駅として繁栄した松田駅は、小田急線新松田駅の道路を隔てたすぐ向いにある。ロマンス通り、仲町通りの商店街を歩きながら、乗換駅を中心に賑わった町の姿に思いをめ

**図2-9**

松田町・山北町を訪ねる（概念図）
（国土地理院「基盤地図情報」を利用して作成）

ぐらせる。

↓JR松田駅↓山北駅へ（JR利用）

↓山北町鉄道資料館（徒歩）

鉄道の町山北を象徴する施設。館長の説明によると、この付近は鉄道の難所で、海抜96mの山北駅から474mの御殿場駅まで1000分の25の勾配があるため、客車8両までしかけん引できず、どうしてもこの山北駅で蒸気機関車の補機をつける必要があった。そのため山北駅には全列車が停車し、40両の機関車と最大時600人の国鉄職員が勤務していたという。

当時、山北駅は線路が14本もある大駅で、まさに鉄道城下町として駅周辺の商店・飲食店も栄えていたそうだ。今は静かな駅前に古い商店の建物が散見される（図2―10）。

↓SL広場（徒歩）（図2―11）

勾配の急な御殿場線で活躍していた、大型のD52蒸気機関車を保存公開しており、同型では唯一の走行可能な保存機と

**図2-11**
鉄道の町山北のシンボルD52があるSL公園

**図2-10**
賑やかだった時代の山北駅前を彷彿とさせる商店群

して、イベントのときには多くのファンが集まるという。

**↓山北駅から松田駅へ戻り、新松田駅から小田急線で帰宅**

＊補足事項

右記各箇所に加え、松田〜山北間の酒匂川には、水害や土砂災害に関係するところが少なくない。宝永の富士山大爆発では、爆発そのものの犠牲や被害以上に、膨大な量の火山灰と大雨による堤防決壊、火山灰・土砂の流入堆積、その後の水害など、二次災害が極めて深刻だった。何十年にもわたってこれらと闘った治水の歴史ももう少し詳しくたどってみたい。

# 4 テーマのある地理の旅

さて、これまではどこへ行くか、どこを歩くか、という「場所を楽しむ地理の旅」でした。こうした小さな地理の旅を繰り返しているうちに、だんだんと関連のある他の土地を訪ねてみたい、似たような街はどうなっているのだろうか、というようなテーマ性が生まれます。

たとえば、愛知県瀬戸市を訪れると、そこで「日本六古窯」という存在を知ります。「六古窯」とは、平安時代から始まった日本で最も古い焼き物の産地で、現在まで生き残った代表的な6ヵ所です。瀬戸、常滑、信楽、備前、丹波、越前を指しますが、瀬戸以外の5ヵ所はどのような魅力のある街なのか、一度訪ねたくなることでしょう。

各地を訪れてみて、長い歴史を刻んできた要因は何か、土、地形、地理的背景、関連産業、技術、人、政治経済的要素、これからのニーズなどについて街を通じて考え、そこに共通点や相違点を見つけるのがおもしろいのです。さらに興味が深まれば、各地の名品を見るために美術館にも足を運びたくなるかもしれません。より源流をたどろうと、韓国や中国に足を延ばしたいと考える人も出てくるでしょう。そのように芋づる式に関心が生まれるのです。

同じような事例では、三大河川、三大松原、三大秘境、三大車窓、五大桜、五大（六大、七大）都市など、いくらでも出てきます。土地、場所、空間というキーワードでつなげて、こだわりのある地理の旅を作ってみてはいかがでしょうか。

単にいろいろなところへ「ぶらりまち歩きの旅」もよいのですが、こうした「シリーズ」を始めると、そのテーマのために少し専門的な勉強をしてみたり、人から話を聞いてみたりと、より興味がふくらみ、探究心が増してきます。

たとえば、次のようなテーマです。

「日本の県庁所在地を全部訪ねる」

「みかんの産地を訪ねて回る」（いちごでも芋でも酒でもよいのですが）

「棚田のある町や村を訪ねる」

「離島を回ってみたい」

「石灰岩地形のある地域を回る」

「炭鉱で栄えた街を訪ねる」

しかし、たとえば単に漫然と「温泉を回りたい」では、全国の温泉地めぐりでリフレッシュできた、気持ち良かった、というだけになってしまうので、一ひねりして「都市内温泉のある街」「戦後に温泉が湧いた街」「温泉と地熱発電の街」のようにテーマを設定してみることをおすすめします。

少し横道に入りますが、地域をまたいだテーマの取材や創作は、著名な写真家の中に取り組む人が少なくないように思います。私も石川直樹氏のような、場所や地域にこだわった写真展などはできるだけ見るようにしていますが、場所や空間を扱った古今東西のアーティストの取り組みや視点も刺激になります。

テーマにこだわる地理の旅に取り組んでいると、仕事をしているときもワクワクして休日が待ち遠しくなります。ジオグラフィーの味つけをした楽しい休みの目標を設定してください。

ここで紹介したようなシリーズの旅は、長年かけて取り組むものが多いと思いますが、一方でとても身近な範囲で1日でできるシリーズものもあります。

そんな一つの参考例として、私が実際に行なった日帰り「一番地めぐり」のまち歩き報告を紹介します。

（文章はそのときの訪問記を引用のため、現場の描写は訪問時のものです）

# 「日本橋の1番地めぐり」

年末にたまたま書棚を整理していたら出てきたのが、『まるごと街さんぽ 日本橋』（武揚堂発行）という案内書つきの地図である。その中に「日本橋一番地めぐり、7・6㎞」というおもしろそうな企画があり、これだ、と思った。

日本橋は、千代田区の神田各町や新宿区の牛込地区各町と合わせて、東京では貴重な旧町名が残っている数少ない地域である。その街並みはビルばかりだとしても、ゆかしい町名を訪ねながらそれぞれの1番地を楽しむのは、なかなか粋な正月の過ごし方ではないだろうか。さっそく決行した。

コースは以下のとおりで、21ヵ所の「1番地」を訪ねて歩く。1番地だけを歩くというのは一度も試みたことがなかったので、興味津々である。1番地とはどんなところなのか、そこに規則性や共通性があるのか、街の顔があるのか、いろいろ想像しただけで楽しくなってきた。これにおもしろさを感じたら、あちこちへ1番地歩きを広げるのもよいと思う。

【回り順】

日本橋駅→①日本橋1丁目1番→②日本橋本石町1丁目1番→③日本橋室町1丁目1番→④日本橋兜町1番→⑤日本橋茅場町1丁目1番→⑥日本橋小網町1番→⑦日本橋蛎殻町1丁目1番→⑧日本橋箱崎町1番→⑨日本橋中洲1番→⑩日本橋富沢町1番→⑪日本橋久松町1番→⑫日本橋浜町1丁目1番→⑬東日本橋1丁目1番→⑭日本橋横山町1番→⑮日本橋馬喰町1丁目1番→⑯日本橋小伝馬町1番→⑰日本橋大伝馬町1番→⑱日本橋堀留町1丁目1番→⑲日本橋小舟町1番→⑳日本橋本町1丁目1番→㉑日本橋人形町1丁目1番→人形町駅

地図を片手に、まず日本橋駅を出て「日本橋」に向かう。すべてはお江戸日本橋がスタートである。

① 日本橋1丁目1番

天下の日本橋の1丁目1番地は、日本橋の南詰、日本橋由来記のある地点にある。東京の地理に詳しい人には国分グループ本社の場所といえばわかりやすい。逆にいえば、国分はその位置を「東京都中央区日本橋1―1―1」と表示できるのである。すごい。これだけで第一級の企業ブランドである（図2―12）。

その1―1―1に「ニホンバシイチノイチノイチ」というレストランバーがある。日本橋川の眺めを楽しめるテラス席がある人気のスポットだ。

② 日本橋本石町《ほんごく》1丁目1番

本石町は江戸時代、米穀商が多く住むようになり、石町と名づけられたが、その後、神田にも同じく石町が生まれたため、こちらを「本石町」としたという。本石町2丁目には日本銀行があるので全国的に知られた町名だが、1丁目1番地は、というと西河岸橋を渡った左手のタバコ屋の入ったビルである。

③ 日本橋室町《むろまち》1丁目1番

著名な老舗、飲食店はもとより「三越本店」の位置する日本橋室町。現代の日本橋は、このエリアが代表しているといっても

図2-12

天下の「日本橋1丁目1番地」

図2-13

室町1－1は日本橋北詰にある日本国道路元標

よいだろう。その1丁目1番地は、日本橋の北詰、日本国道路元標（写真）の立っている場所である（図2—13）。

かつては日本橋魚河岸を擁し、水産物や加工品を中心とする商業の街・日本橋室町。日本橋→築地→豊洲とつながる市場街の移り変わりを改めて考える。1丁目1番地の表示板の周りには、残念なことに段ボールやビニール傘が散乱していた。

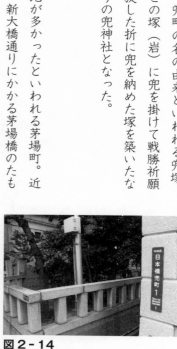

### ④日本橋兜《かぶと》町1番

兜町の1番は、東京証券取引所の壮大な建物の横、川と高速道路の脇にある。そこは兜神社の場所でもある（図2—14）。兜町の名の由来といわれる兜塚。前九年の役に向かう源義家がこの塚（岩）に兜を掛けて戦勝祈願をした、あるいは奥州から凱旋した折に兜を納めた塚を築いたなど、諸説あるが、その場所が今の兜神社となった。

**図2-14**

兜町1番地は兜神社

### ⑤日本橋茅場《かやば》町1丁目1番

茅や葦が生い茂っていた沼地が多かったといわれる茅場町。近くに電燈発祥の地の碑がある。新大橋通りにかかる茅場橋のたもとに小公園があり、そこが1丁目1番地と思われるが、住居表示プレートの1―1が見つからず、少し残念。

⑥日本橋小網《こあみ》町1番

茅場町から茅場橋を渡って右折すると、コンビニの先にビルがある。ここも表示プレートとしては1―3。やはり1―1は手前の小公園であるため、1―1プレートは確認できず。

小網町で有名なのが「小網神社」。東京の銭洗弁天といわれ、ここで金銭を清めると財運を授かるそうだ。そのため、日本橋七福神めぐりの中でも抜群の人気の神社である。静かなビル街でありながら参拝者の列ができていた。オフィス街の一角にあって異様な光景である。

⑦日本橋蛎殻《かきがら》町1丁目1番

蛎殻の字は難しい。ワープロでなく手書きで宛名を書く人のほとんどは、字を調べないと正確には書けないと思うが、変にひらがな地名にせず、堂々と漢字町名を貫いているのは好感が持てる。蛎殻の名のとおり、中世の天正年間以前は海であった地域を埋め立ててできた街だったため蛎殻と俗称されていたようである。

## ⑧日本橋箱崎《はこざき》町１番

こちらも江戸・寛永年間までに埋め立てられてできた街。箱崎シティエアターミナルができてから、しばらくは空の玄関のイメージばかりが浸透したが、日本橋川と隅田川に東南二面を接する水の街である。

ここの１番地はおもしろい。写真（図２―15）を見ていただきたい。湊橋の脇のビルが１番２号にあたるようなのだが、そのビル玄関の地番プレートは１―２の上に１―１が上下並べて表示されている。おそらくこのビルは１―２なのだろうが、オーナーはこの場所こそ１―１と宣言しているのではないだろうか。

この街で見逃がせないのが、日本橋川が隅田川に流入する河口部に架かる「豊海橋《とよみ》」で、古くからあった橋を１９２７（昭和２）年に震災復興橋として改架したものである。梯子を横倒しにしたような外観やリベットが特徴的な重量感のある鉄骨橋梁として、中央区文化財となっている。永代橋と組み合わせた風景も美しい（図２―16）。

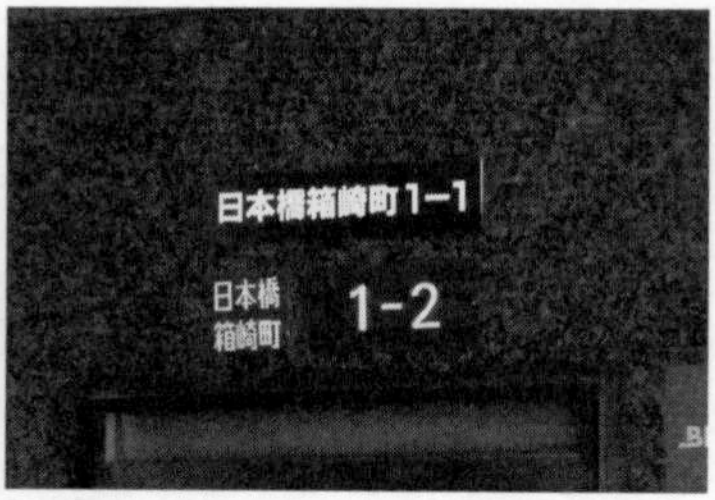


**図２-15**
１丁目１番地と２番地が同居？

**図２-16**
重厚な美の豊海橋

⑨日本橋中洲1番

中洲1番地は、清洲橋に近い川沿いのマンションのそばにある。このあたりは地下鉄駅からも遠いのにマンションが林立している。そのために隅田川の流れがそばにありながら、壁で囲まれたような街になってしまった。惜しいことである（図2—17）。

⑩日本橋富沢町1番

今回の1番地めぐりで、中洲1番地から富沢町1番地の距離が最も遠い。明治座と人形町商店街の中間にある緑地帯の道路を通って進む。この緑道は昔の浜町川の跡。「富沢」の由来は、慶長年間に古着商の元締めだった「鳶沢」が、手下を近隣に住まわせたため古着の町となり、名も「富沢町」に改めたためという。1番地はNTTのビル。

**図2-17**

中州から隅田川・清洲橋を望む

⑪日本橋久松町1番

先ほどの緑道の終点が、久松町の1番地だ。隣には中央区立久松小学校が建っている。この先も浜町川は流れて岩本町のあたりで神田川と一つになっていたようだが、ここから先は住宅や商店が通せんぼしたように建ち並んでいる。それにしてもこの真ん中に立つと右は富沢町、左は久松町。旧町名が耳に心地よく響いてくる。

⑫ 日本橋浜町1丁目1番

地下鉄の駅名にもなり、浜町公園もある浜町。もともとは、両国橋から下流の両岸を浜町と俗称していたようだ。

明治以降、大名屋敷跡に進出した多くの料理屋や待合があったことが、現在に至っても浜町を趣のある粋な街として人々に印象づけている。

明治座や浜町公園のある浜町2丁目は、もともと大名屋敷が大半であったせいか町域がとても大きいが、小さな1丁目の南端、東横インのそばの村松ビルに1丁目1番地が存在している。

⑬ 東日本橋1丁目1番

1971（昭和46）年、村松町、米沢町など多くの町名が統合され、東日本橋となった。その際「日本橋両国町」がなくなり、「両国」の名は中央区から消え、東側（墨田区）だけになったのは残念で有名な話。今からでも、この「東日本橋」という人工的な町名は何とかならないものだろうか。すぐ近くに薬研堀《やげんぼり》不動尊があり、多くの参拝客で賑わっている。

⑭日本橋横山町1番

このあたりは、たてよこななめ、皆、服飾や関連企業の問屋街である。休日とあって大半が閉まっているが、なぜか数軒営業しているのにも驚く。このあたりまで来ると、大きなビルは減り、中小の古いビルが多い。空きビルも少なくない。

江戸時代は小間物問屋の街であった横山町。1番地はみずほ銀行の裏の韓国料理店付近で、1番地のプレートと貸しオフィス、テナント募集の看板が一体であった。

⑮日本橋馬喰《ばくろ》町1丁目1番

徳川方が関ヶ原合戦の前に馬揃えをした馬場があったといい、その管理を幕府博労頭が務めていた。博労町から馬喰町に変化している。馬喰町はJRの総武快速線が地下を走る江戸通り沿いに伸びる。

この馬喰町が興味深いのは、江戸時代は他の日本橋の各町のように、特定の商品の問屋・商店の街でなく宿屋が多かったということだ。この街が問屋街の端に位置して通りの流れが日光街道、奥州街道へつながるという関係もあり、宿屋は当時のビジネスの挨拶や商談が交わされる場であったというのもおもしろい。馬喰町1丁目1番地は三菱UFJ銀行。

⑯ 日本橋小伝馬《こでんま》町１番

町名の由来は当地の名主が伝馬役を務めたことから。大伝馬町に比べて扱っていた馬の数が少なかったため、名前が小伝馬町になったといわれる。それよりも伝馬町といえば牢で有名。多くの歴史を刻んだ一角でもある。

１番地はやはり無名の小さなビル。このへんは元の水路の跡であろうか、写真のようなよくわからない路地が多い（図２―18）。

⑰ 日本橋大伝馬町１番

地下鉄小伝馬町駅の近くだが、この付近は人形町駅や馬喰町・馬喰横山駅ともそれぞれ接近していて、方向感覚や位置関係に錯覚を起こしやすい場所である。昔なら商家が並んでいたであろう場所が、そのまま中小のビル街になったという印象である。

大伝馬町は、江戸時代から木綿問屋の街で、綿業で生きてきた街でもある。写真は、駐車場と駐車場に区切られて離れ小島のよ

**図２-18**

小伝馬町のビル裏に延びる不思議な路地

**図２-19**

駐車場の間にある宝田恵比寿神社

うになった宝田恵比寿神社。小さな社殿だが、毎年秋にここで催される日本橋べったら市は多くの人々で賑わう（図2―19）。大伝馬町1番地はビルの1階に番地プレートが三つもついていた。

⑱ 日本橋堀留町1丁目1番

日本橋川から北へ掘り込んでいた東堀留川が終点となることから、堀留の地名が生まれた。その面影を残すのが、写真の堀留児童公園。かなり幅広い掘割だったことが見てとれる（図2―20）。1丁目1番地のプレートは、日本橋保健センターの壁面にあったが、ちょうどこの付近が入堀の突き当たりだったと思われる。この付近には、この東堀留川と西堀留川の並行する2本の運河があり、河岸は活気にあふれていた。西堀留川は関東大震災後のがれきで埋め立てられ、東堀留川は終戦時に埋め立てられたという。それぞれ近世から近代の歴史が刻まれた場所になっている。

⑲ 日本橋小舟町1番

**図2-21**
日本橋本町1丁目1番

**図2-20**
埋め立てられた運河は堀留児童公園に

小舟町は、その名のとおり大半が西堀留川に面した小舟河岸として栄えていたという。江戸から明治に至るまで、小舟町は米問屋・鰹節問屋・海産物問屋の街として大きな発展を遂げた。1番地はわかりにくかったが、日本橋川に向いた大きなビルの端にあった。

⑳ 日本橋本町1丁目1番

日本橋本町1丁目1番地は、江戸橋の北詰、AIGビルのある場所である（図2―21）。江戸の埋め立て地の最初の町が、ここであったとか。そのため「本町」の名がつけられたという。今の本町は、日本橋室町の一つ裏手となり、高速道路の影もあってやや沈んだ印象だが、当時は商業の街として町年寄の屋敷もあり、江戸の町政の中心でもあった。

日本橋本町は薬や薬種問屋の街として知られており、現在も多くの著名な製薬会社がこの付近に集中している。もともと江戸初期に立地した薬種商が、今日に至るまでつながっていることに驚く。

㉑ 日本橋人形町1丁目1番

1番地めぐりのゴールは人形町とした。1丁目1番地は、日本橋小学校の南隣のビルである。この位置は、ちょうど人形町通りをはさんで甘酒横丁の反対側といっていいだろうか。有名な

「玉ひで」の並びになる。21ヵ所の「1丁目1番地」の旅は、約8㎞の行程であった。

次は、この半日で回った「1番地めぐり」で歩きながら私が感じたこと、考えたことです。

○1番地（街区符号）は市町村の中心となる場所（23区ならば都心に近い角）に設定し、番地はそこを起点に原則として時計回りに振っていくとされています。その意味では、1番地とはその街区全域の中心点でなく端っこであるということです。

○「1番地」を探すこと、見ることは、街全体を知ることにつながります。1番地は、その存在地点が魅力的な場所かどうかには関係なく、1番地であるがゆえにその街を代表する看板としても受け止められるでしょう。意識するしないは別として、その土地は「1番地」を背負って歴史を重ねているのではないでしょうか。

○街の中で古い水路跡は、町割りや公園となっていることが確認でき、水運が街の繁栄の重要な要素であったことがわかります。また、米、塩、酒、醤油、油など、江戸の市民生活になくてはならない重要な物資の流通機能を担う町が、この地であったこともわかります。今は単なるビル群の一角にすぎないように感じますが、当時の掘割を想像しながら、街の構造やこの地域の果たした役割を重ね合わせて、歩く必要があります。

○このように都心部の歴史ある街は、都心であるからこそ変貌も激しいのですが、江戸期から明治・大正くらいまでの街の移り変わりを知っておくと、今の街の見え方や観察視点も変わってきます。今回は、白石孝『日本橋街並み繁昌史』（慶応義塾大学出版会）から非常に多くのことを学びました。

実際に現地を歩いてみて、時代とともに変わるものと変わらないものは何だろうか、ということも考える機会になりました。

○今回のような都心の古い街には、成因不明な路地や中途半端な形の土地もあったりして、なぜそれが生まれたのか、大いに頭をひねりながらのまち歩きができました。地理の旅を楽しむためには、すぐにスマートフォンやパソコンで解答を得るのでなく、考えることが大事。それがまた、歩くことをより充実したものにしてくれます。

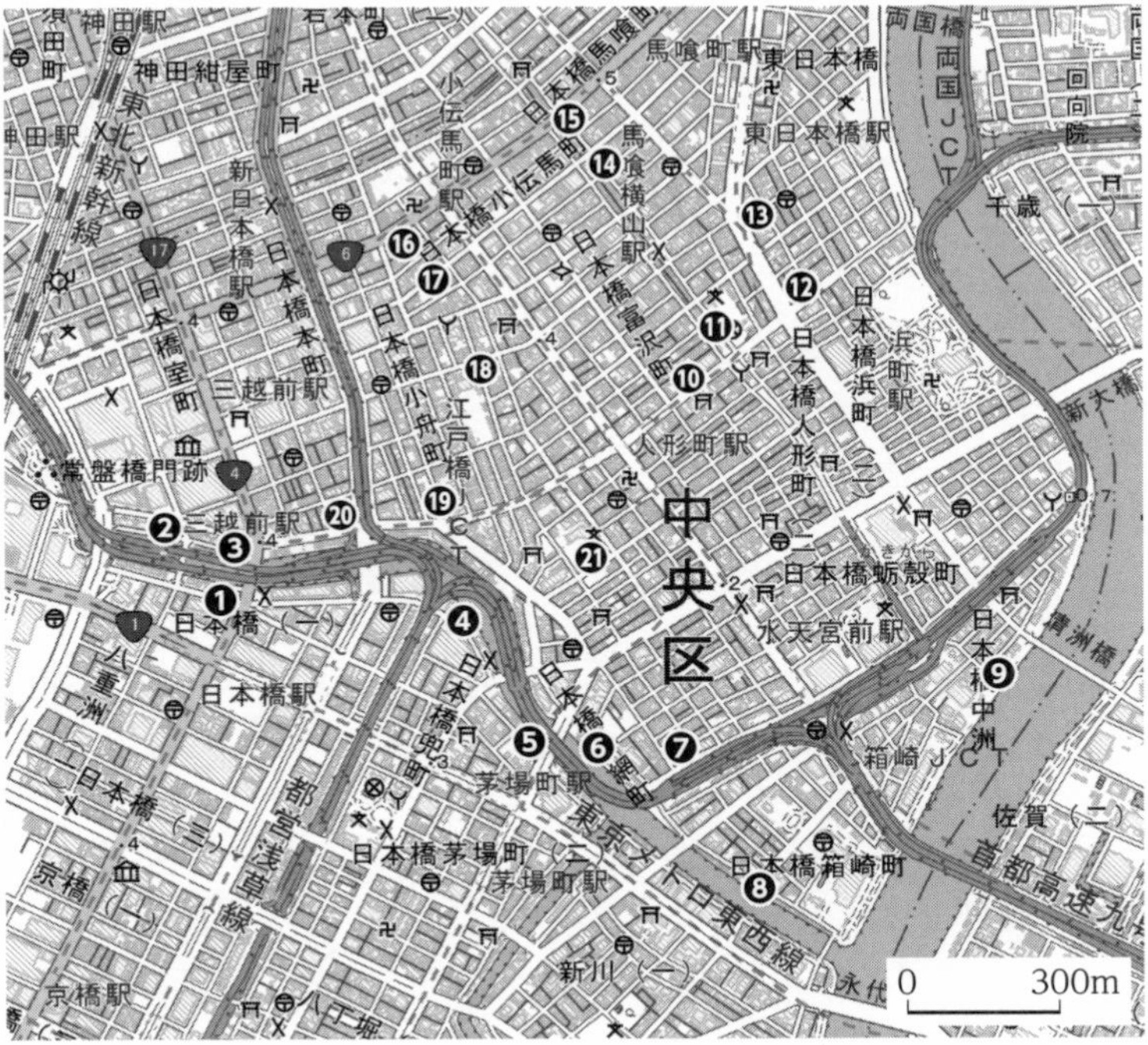


（地理院地図）

**図 2-22**

1 番地めぐりの地図

# 第3章

# 地理の旅
# 実践編

# 1 楽しい下調べと準備

## ❶準備にあたって

地理の好きな皆さんは旅をする際、事前に目的地についてかなり情報を収集してから出発するでしょう。また、情報を効率的に集めることができる人が多いのではないかと思います。その地域のことを知れば知るほど興味が増し、立ち寄りたい場所も増えてくるでしょう。事前の予習は必要ですが、調べすぎないこともとても大事です。人間は調べれば調べるほど、一つのイメージに固まってしまったり、先入観でものを見てしまいがちだからです。

出かける前には、調べておくことが必要ですが、調べすぎないこと、そして当日はそれらを忘れてしまうくらいの気持ちで訪れることをおすすめします。

地理学者であり立命館大学の元総長でもあった谷岡武雄氏は、「イメージをつくり、イメージをこわせ」とアドバイスをしています。「事前に調べたこと、イメージとして持ったことを現地に到着した瞬間から忘れ、壊すようにすることがコツである」(『地理学への道』地人書房)。

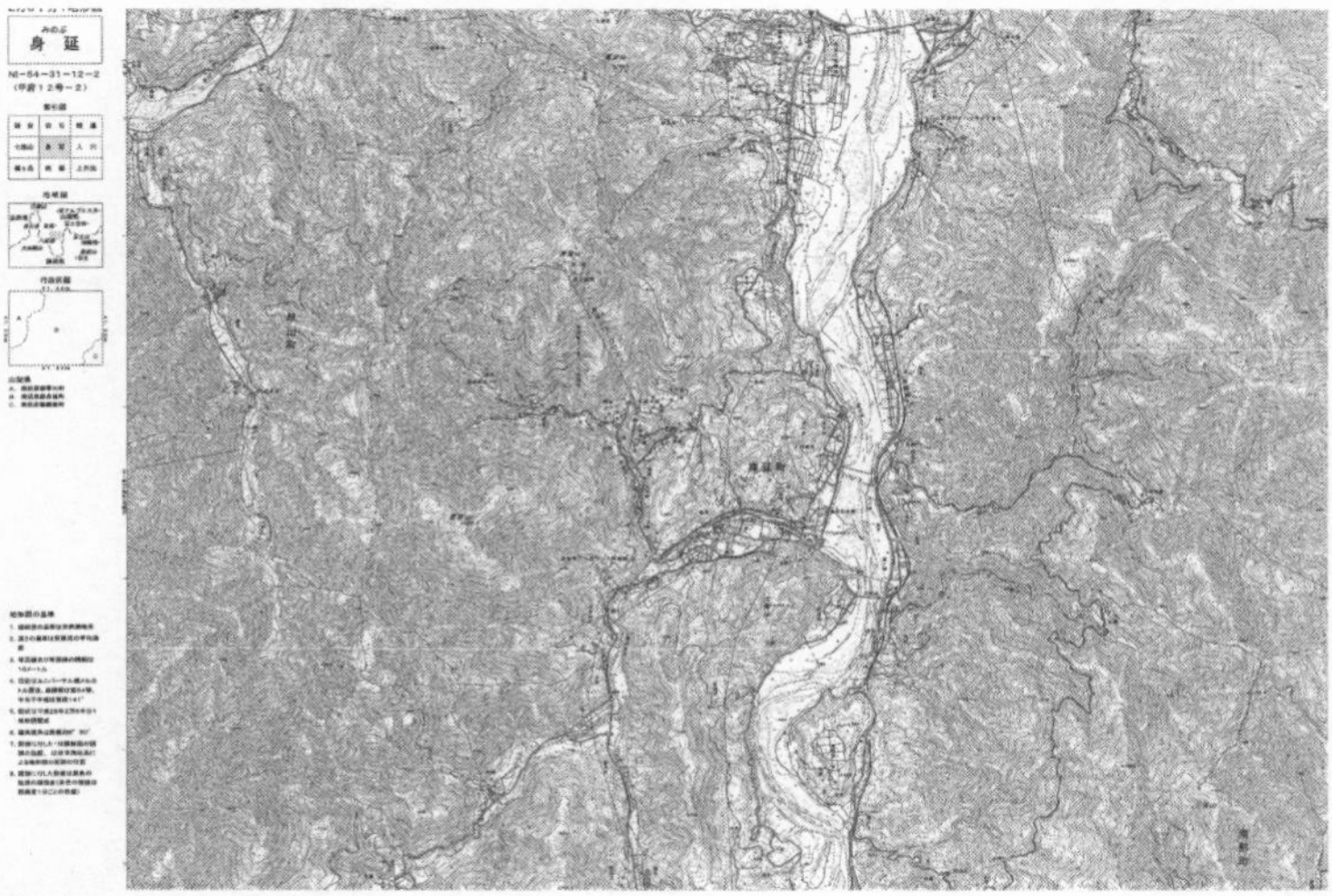

**図3-1**
2万5000分の1地形図「身延」(国土地理院)

一番大切なのは、調べたことに振り回されずに、いつも新鮮な目を持って自分の力で感じ、考える旅ではないでしょうか。そのような点も意識しながら、地理の旅の事前準備を始めましょう。なおこれは、日本国内の個人での旅を前提にしたものです。

## ❷地形図を入手する

下調べの入口は国土地理院の地図です。紙地図にこだわらずデジタル地図でももちろんよいのですが、地理好きにとってのリテラシー(基本能力・活用能力)として、まず2万5000分の1地形図(図3—1)をしっかり使えるようにしたいものです。

ただ単に目的地の場所を知りたい、ルートを知りたいというのであれば、スマートフォンやパソコンの地図検索や各種ナビゲーションの活用だけで済むのですが、ある地域を歩き見て学ぶことを楽しむというのであれば、一つのエリアの面的広がりや地域の全体観、周辺との関係性を知ることができる紙地図が必要になってきます。

その出発点として、国土地理院の２万５０００分の１地形図に慣れておきましょう。自分の住んでいる場所でも、郷里でも、最近旅した場所でもよいので、２万５０００分の１地形図を１枚用意し、机の上に広げてみます。広い範囲をいっぺんに見られるのは紙の地図の大きな利点です。

その前に、２万５０００分の１地形図は、どのようにして買うのかというところから入らねばならないですね。

## ■ほしい地形図の場所と図名を知る

まず、入手したい地形図の場所と名前（図名）を把握する必要があります。そのために一番手軽なのが、日本地図センターのホームページの「地図を買う」というページです（http://www.jmc.or.jp/buy_map_kami.html）。

そのページの「地図から購入する」をクリックすると、日本全体

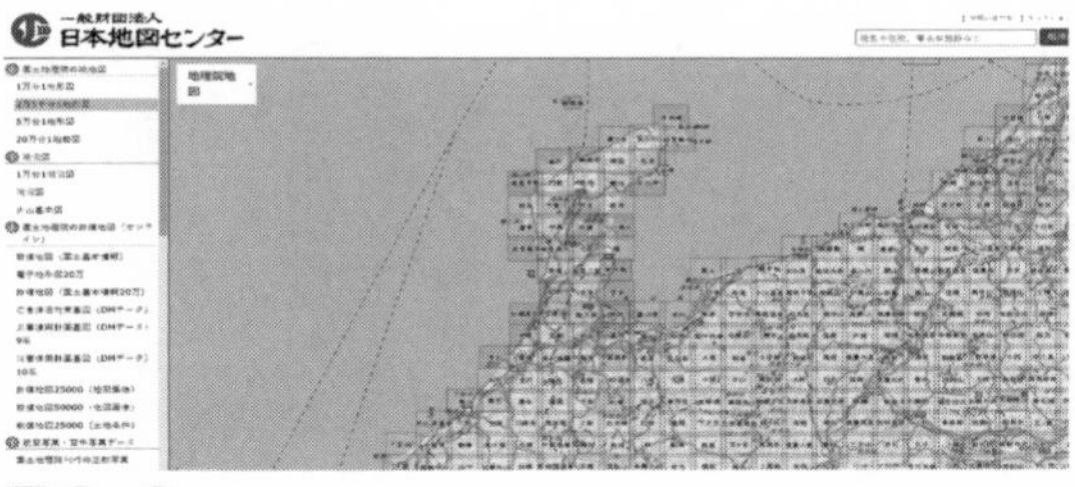


**図３-２**

日本地図センターのホームページの地図購入画面

の地図一覧図が出てきます。地図を拡大しながら目的の地域を見ていくと、ほしいエリアの地形図の区割が出てくると思います。その真ん中に書かれているのが地図の名前（図名）です（図3―2）。

2万5000分の1地形図以外も必要であれば、左側の「5万分の1」→「20万分の1」をクリックすればそのまま切り替わります。とても使いやすくできています。

以前はｗｅｂを使わずに、『マップインデックス・地図索引図』という一冊の地図帳から地図を探す方法もあり、これも便利でしたが、同書は近ごろ絶版となりました。そのため手軽に自分が必要な図名をチェックしたり、周囲の地図との関係を調べたいという場合には、先ほどの日本地図センターの「地図・空中写真を見る」のページから「国土地理院・地図一覧図」のコーナーを訪れると「地図一覧図」だけを見ることができます。印刷も可能ですから、ニーズに合わせて活用してください。

慣れないうちは、2万5000分の1地形図を探すとき、地形図の名称（一番上の中央にあるタイトルです）が必ずしもその主要な市町村名を表していなかったり、行きたい場所の範囲が分割されているため2、3枚を合わせないと一つの市街にならないことなどに戸惑います。地形図は行政単位で区切られているのではなく、緯度経度で区切られているからです。

効率的に探すためにも、地形図同士の位置関係を理解しておくと便利です。しかし、地形図の名称には、聞いたことのない小さな集落名が採用されていたり、地元でしか知られていないような山名などがつけられていることが少なくありません。ですから、目的の地図を探す作業をしながら、これらの地名を知るのもいい勉強になります。

## ■地形図を購入する

紙の地形図を購入するには、ｗｅｂを使う方法と販売店に行く方法があります。

なお、２万５０００分の１地形図の価格は色数によって違いますが、１枚税込３５６円から４３５円（２０２１年４月現在）です。

### ▼ｗｅｂで購入する方法

先述した日本地図センターの購入ページの図名一覧で、ほしい図名をクリックし、そのままネットショッピングへ進めば、ｗｅｂ上で購入し送付してもらうことができます（別途送料がかかります）。

### ▼地図販売店や書店で購入する方法

実際に自分の目で見て地図を買いたい、手に取って確かめたいというときは、地図販売店や地形図を扱っている大型書店へ行く方法があります。

最近は紙地図の需要が減っており、書店の経営も厳しいので、大型店でも地形図売場はとても少なくなっており、また売場はあっても全国の地形図は在庫されておらず、その店がある地域と近隣の地形図しか常備していないところも多いので注意が必要です。

どこに国土地理院地図の販売店があるかは、先ほどと同じ日本地図センターのホームページから「地図販売店一覧」のページを見れば知ることができます。そのサイトにも「販売店は移転や閉店など確認が必要」とあるので、注意して利用してください（http://www.jmc.or.jp/hanbai.html）。

さて、地図販売店や書店へ行くと、大きなサイズの地図一覧図がビニールケースなどに入れられて地図棚のところに置いてあるので、それを見て該当する地図の番号や収納棚や引き出しを探すことができます。

2万5000分の1地形図よりさらに広く、地域の全体像を把握するには、国土地理院の20万分の1地勢図が便利です。しかも20万分の1地勢図は、鉄道やバスでの移動スピードに合わせやすく、車窓風景の手元マップとして使いやすい範囲（関東地方なら東西90kmくらい、南北70km強の範囲が1枚です）になっています。

私の会社員時代、2000年ごろまではまだ毎年の職場旅行が盛んでした。大体は1泊で観光地や温泉に行くのですが、そのときも旅先でこの2万5000分の1地形図や20万分の1地勢図を携えて眺めていたので、職場では相当珍しい人間だと見られていました。地形図に慣れると、どこへ行く場合でもこれらを見ていないと落ちつかないのです。

2万5000分の1地形図は、該当する1枚だけでなく、できる限り隣接する地形図も買うようにしています。枚数が増えるとお金がかかるのですが、それらを床の上に広げてつなげると、全体像や位置関係が実によくわかるのです。

紙地図のことを先にお話ししてしまいましたが、これまで紹介してきた地形図は、国土地理院のポータルサイト「地理院地図」で閲覧・プリントアウトも無料でできます。また「地理院地図」にはさまざまな機能がついていて加工もできるので大変便利です。国土地理院のホームページで簡単に利用することができます（https://www.gsi.go.jp/）。

## ❸地名辞典で調べる

次に目的の土地を知るために地名辞典にあたります。

最もスタンダードなのは『角川日本地名大辞典』（角川書店）です。これは都道府県ごとに1巻ずつ相当の情報量があります。「総説」「地名編」「地誌編」「資料編」と大きく分かれていて、特に地誌については詳しく説明されており、事前準備のベースとなる知識を得るのに重宝します（図3—3）。

地名辞典もさまざまなものがありますが、この角川の辞典は、生きた歴史である地名を残すとともに、地域の姿を後世に伝えたいという創業者・角川源義の理念に基づき、同社が1978年から1990年まで12年かけて刊行したものです。地誌編は読んでいても楽しく、読む順番としては、まず地誌編でその市町村の全体像を学び、その後に地名編で必要な地名を確認してみるのがおすすめです。公立図書館なら大体は蔵書されているので、必要な部分はコピーして使うのがよいでしょう。

余談ですが、以前に地図エッセイストの今尾恵介さんから、やはり調べものには角川の地名大辞典を参照されていると聞いて嬉しくなりました。

この辞典は定価が（都道府県単位で）1冊5000円から1万円前後するのですが、古書サイトでは2000円から3000円で買えます。私もよく使う首都圏や近隣の地域の巻を、古書サイトで新刊と変わらないきれいな状態で買えました。なお、本格的にこれを常備したいという方には、高価ですがDVD-ROM版も発売されています。

**図3-3**
『角川日本地名大辞典』

個人的には、少し昔の情報を包括的に知りたいというときは、『日本地名大事典』全7巻（朝倉書店）も活用して、市区町村レベルの内容（自然地理的なものなら地域単位）を参照しています。この事典はずいぶん古くなりましたが、概要をぱっと押さえるときに都合がよく愛用しています。数多くの執筆者が書いているので、やや不揃いで記述内容に精粗があるのを感じますが、舞台が昭和30〜40年代なので、逆に昔の産業や農業の記述などがそのまま残っており、現在の市町村のホームページに書かれていることなどと比べてみると、それがその後どうなったか、という新たな関心を持つこともできます。

地域や市町村のプロフィールを知りたい場合、web上の検索や市町村のホームページは便利ですが、的確なプロフィールは非常に少ないと感じており残念です。

市区町村の公式ホームページでプロフィールの内容がしっかりしているところ、わかりやすいところは、わが町への誇りや愛情が感じられ、それだけで住みやすいところ、暮らしやすいところ、と感じられてなりません。

ざっくりと地域の概要をつかむには、百科事典も意外と便利です。紙の百科事典は今や絶滅寸前？ですが、あえてこれを取り上げたのは、一般読者向けにわかりやすくコンパクトにまとめられているからです。平凡社世界大百科事典やエンサイクロペディアブリタニカなどのことですが、これらが搭載されている電子辞書などは結構活用できます。参考情報としてお知らせしておきます。

## ❹参考図書をあたる

さて、この段階まで来ると、地図や地名辞典などの情報から、訪れる街や地域に関してさらに詳しく知りたいと思うことが自然と集まってきます。つまりいくつかのキーワードが生まれてくるのです。

たとえば私の旅からいくつか挙げると、次のようなキーワードが浮かび上がってきました。

・滋賀県近江八幡市の下調べのキーワード
「天井川」「豊臣秀次」「近江商人」「ヴォーリズ」「淡水真珠」「琵琶湖」など
・秋田県横手市の下調べのキーワード
「豪雪と暮らし」「渓口集落」「りんご」「石坂洋次郎」「木綿」「増田」など
・茨城県笠間市の下調べのキーワード
「笠間焼と益子焼」「稲田石、花崗岩」「芸術の街」「親鸞」「平成の大合併」など

次にこれらのキーワードをｗｅｂで検索すると、参考になりそうな情報や書名が出てきます。その中から参考図書と思われるものを選び、読んでみます。

書籍の場合は、購入できるものより過去に絶版となったもののほうが多いのが通例で、図書

館を利用することになりますが、近所の図書館では見つからないことも少なくありません。

その際は「カーリル」（https://calil.jp）が大変便利です。このサイトは日本最大の図書館蔵書検索サイトで、全国の蔵書を横断的に検索し、どこの図書館にほしい書籍があるかをあっという間に画面に表示してくれます。私はこの「カーリル」の中の「カーリル・ローカル」を愛用しています。「カーリル・ローカル」では都道府県別に地域を指定すれば（たとえば東京都を指定すれば都内すべてを対象に）蔵書のある図書館が表示されるため、急ぐ場合には現地まで直接閲覧しに行くこともできます。

論文も含めて幅広く網羅したいというときは、「国立国会図書館サーチ」（https://iss.ndl.go.jp）が便利です。同ホームページのトップには〝「国立国会図書館サーチ」は、国立国会図書館をはじめ、全国の公共・大学・専門図書館や学術研究機関等が提供する資料、デジタルコンテンツを統合的に検索できる「『知』のアクセスポイント」です〟と記されており、実に多くの情報が入手できますが、自分なりに取捨選択する目を持って活用してください。

こうした書籍は、仕事のジャンルとは全く違うので、通勤時間の電車で読むと意外と気分転換になります。参考図書を3～4冊あたると、その分野にはかなり詳しくなることができ、そこからまた次々と関心が広がったりするのも事前準備の楽しいところです。

お気づきのように、以上の下調べは、現地訪問の計画より早めに進めないといけません。本を借りる場合、図書館に蔵書がないと取り寄せるのに時間がかかることもあり、借りるだけでなく読む時間を見ておかなければなりません。私の失敗談ですが、関心がどんどん広がり、本を借りたはいいが、結局、旅行までにチェックできなかったという経験が何度かありました。

蛇足ですが図書館では、お土産やグルメの情報のために、『るるぶ』や『まっぷる』などのムック本も一緒に借りてきます。

## ❺インターネットで検索する

私は下調べの第一段階では、あまりインターネットを利用しません。情報として底の浅いものや信頼性を疑われるもの、他から借用されてきたものが少なくなく、かえって情報に振り回されるように感じています。

もし利用するとすれば、全国自治体マップ検索がおすすめです。一番基本となる全国市町村のホームページがまとめて閲覧できるサイトで、ここからさらにさまざまなリンク先へ飛んでいくと、量的にはかなりの情報を得られます（https://www.j-lis.go.jp/spd/map-search/cms_1069.html）。

また、インターネット上にある各市町村や観光協会の作った地図は、印刷しておくとガイドブックを買わなくて済むことがあるので便利です。

## ❻自分の書棚やファイルを見直す

自分の持っている書籍や切り抜き、ファイル、ノートなどの中に関連する情報がストックされていることが少なくありません。やはり地理が好きで数十年（?）も生きてきているので、今までに関心を持ったこと、そのうち役に立つだろうと思って取っていたものが陽の目を見ることがあるということです。そうした視点で自宅にある本やファイルやスクラップブックをひっくり返すと、全く忘れていたことを思い出したりして、結構有益な情報源が見つかることがあるのです。

私は、新聞記事や雑誌の切り抜き、保管しておきたい本のページやパンフレットの一部などを、Ａ４の不要な裏紙１枚につき１件を糊で貼り付け、リングファイル４冊にまとめた「アイウエオ・ファイル」を作っています。切り抜きやメモをジャンルで大きくくくり、五十音順で、たとえばⓉ「都市問題」「図書館」、Ⓝ「農業」、Ⓗ「博物館」「フランス」「文化

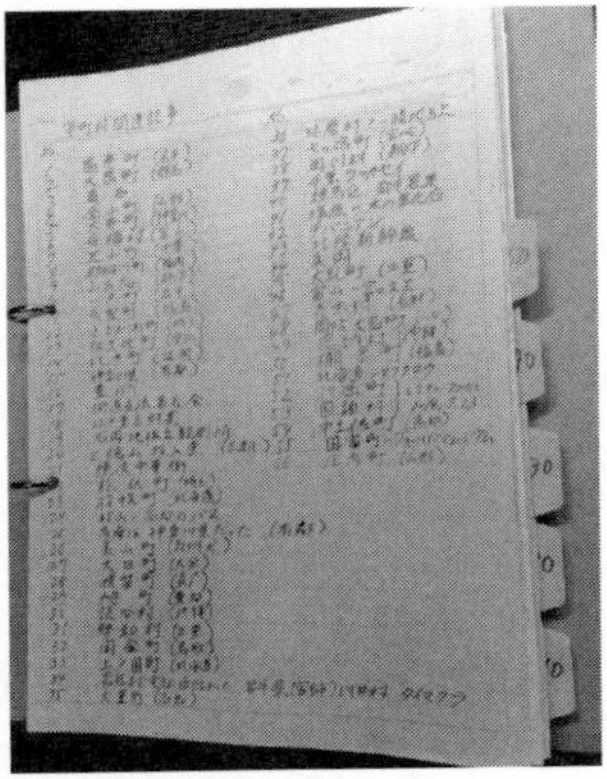

**図３-４**

地域情報を時系列でファイルしている

人類学」……といった具合に、関心事の名称をただアイウエオ順にしたものと、地名や自治体名を五十音順にしたものを使い分け、そこにさまざまな記事を入れておきます（図3―4）。

たとえば、日本経済新聞の最終ページにある「文化」欄には、一つのことを追究し続けているアマチュアの記事が少なくないのですが、おもしろいと思っても、あっという間に日にちが経ってしまいどこかに紛れ込んでしまった、新聞回収に出してしまったなど、行方不明になった経験が何度もあります。

その前にちょっとファイルするだけで「山びこを探して山々を歩きヤッホーの研究をしている人」「全国の海産物・農産物の天日干しを求めて写真撮影を続けている人」「十二支の地名を集めて旅している人」などの掲載記事が、何かしらの縁でよみがえってくるのです。加えて、直接取材された記事はもちろんですが、コラムやエッセイなどによい情報源が隠されていたりします。

もちろんこれらはPDFにしてパソコンに保存し、もっと簡単に検索できるようにしておくと、さらに利便性が高まります。

## ❼カードやノートにメモする

以上の下調べ作業の過程で、訪問先の地理的関心のポイントをメモしていきます。

現地で見ておかねばならないこと、確認すべきことなどを箇条書きにします。これは手帳でも構わないのですが、私の場合は整理法の古典ともいえるカードを活用し、A5判か一まわり小さいA6判のカードを使い、できるだけ似通ったジャンルごとにキーワードを書き連ねておきます。カードはノートと違って、ばらして必要な分だけ持ち運びでき、カード自体を机の上に並べて着想を得るのに有効だと感じています。

地理の旅の準備はもちろんこれだけではないでしょう。

〝地図の旅〟を提唱した大沼一雄氏は「市区町村史をあらかじめ拾い読みしておくこと」「その地域の地方新聞を読み溜めておくこと」も必要だとすすめていて、1ヵ所の訪問に3ヵ月はかけていたそうです。

大学の地理学教室であれば、地形図を使って土地利用図を作ったり、地形分類図や地形断面図を用意したり、地質図や土壌図の活用なども学んだりするようですが、限られた地域を、まち歩きや旅という形で楽しもうという社会人の地理マニアにとっては、なかなか難しいのではないでしょうか。

# 2
## 地図を読むことに慣れる

地理の旅を実行するにあたって、どうしても必要なのは地図のスキルです。ここでは地形図をあまり使っていない、使い方を詳しく知らない方へ向けて説明しますので、地形図使用に慣れている方はこの部分を飛ばしても結構です。

### ❶ 地形図を手に取る

先に地形図の入手方法に触れましたが、まず手に入れた地形図を広げてじっくり見ましょう。見てわかるのは、地図の上に表現されている次の六つです。

①自然のもの（山、川、湖、海など）
②人工のもの（都市、鉄道、道路、建物など）
③高さ（等高線、標高点）
④土地の様子（森林、田畑、植生などの土地利用）
⑤地名や行政界

⑥緯度・経度

これらを、地形図の図面の外側にある「凡例」を見ながらチェックしてみてください。地図記号はここでは詳しく触れませんが、凡例に細かく説明してあります。自分のペースで、コーヒーでも片手にゆっくりと眺めてみましょう。

ここで地形図ビギナーの方が押さえるべき重要ポイントを四つだけお伝えしておきます。

## ❷縮尺と距離を知る

地図は現実の地面を小さくしたものです。したがって、地図上の長さが実際の地面ではどれくらいの長さや距離なのかを知っておく必要があります。

縮尺2万5000分の1の地図ならば、実際の土地の長さを2万5000分の1にしたものですから、地図上で1cmの長さのものが、実際には2万5000cm＝250mになります。地図上で4cmの長さなら、実際には1kmの距離ということです。

市販の地図帳やアトラスでも同様です。1万分の1の地図ならば1cmは100m、50万分の1のアトラスで見

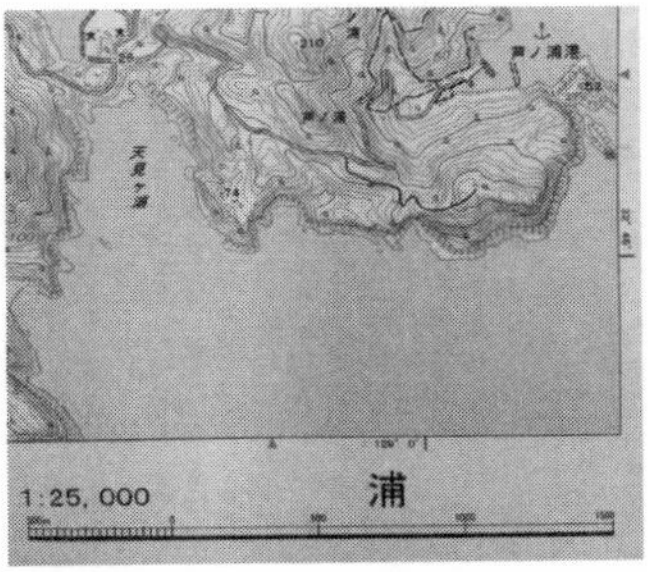


**図3-5**

縮尺の表示。地形図の枠外にある。▲や◀は隣の地形図と重ねてつながる位置を示す
2万5000分の1地形図「浦」（国土地理院）

た場合は、１㎝は５㎞となります。

ちなみに、１万分の１の地図と50万分の１の地図の両方があった場合、１万分の１の地図は「縮尺が大きい」、それに対して50万分の１の地図は「縮尺が小さい」と表現されます。

地図上の長さと地表の実際の長さの関係を知るのが「縮尺」です。地図の縮尺は分数で表されていますので、数字の大小は縮尺の大小になります。実際の目盛りは地形図の端の白地部分に図３—５のように必ず表示されているので参照してください。

## ❸等高線と高さを知る

等高線は一定の高さ（平均海面からのその場所の高さ）を結んだ線です。したがって１００ｍの等高線は高さ１００ｍの地点を結んでおり、１５０ｍの等高線は１５０ｍの地点を結んでいます。もしある場所が１００ｍの等高線よりも１５０ｍ側にあったならば、そこは１２０ｍや１３０ｍの高さになります。

ただし、２万５０００分の１地形図であれば、等高線は10ｍごと（「主曲線」といいます）に引かれているので、１２０ｍ、１３０ｍなども正確にわかります。

地形図には高さの表示が出ていますから、等高線を眺めながら、その場所の標高をおおよそ把握してみてください。

そして、その地図に山地が描かれていれば、等高線が密になっていたり、まばらになっている様子がよくわかると思います。図3—6で密になっているところ（断面図の左側で線の間隔が狭くなっているところ）は急傾斜のところ、間隔が広いところ（断面図の右側の部分）は緩やかなところですね。等高線がほとんど見つからないところは平地や平野です。

山には尾根と谷が必ずあります。等高線で見ると、尾根は高い場所がつながっているところ、谷は逆に低いところが連なっている場所で、川があるかどうかは別として、水の流れ道と考えておいてよいでしょう。一般的に尾根は凸型で谷は凹型、尾根と谷は隣同士で凸凹になっていることが多いです。地形図で尾根の部分、谷の部分を鉛筆でなぞっていくと尾根の線、谷の線がはっきりしてきて、先ほどの話が目で見てわかるようになります。

## ❹ 方位を知る

地形図では上下方向が南北（上が北、下が南）です。ここで少し

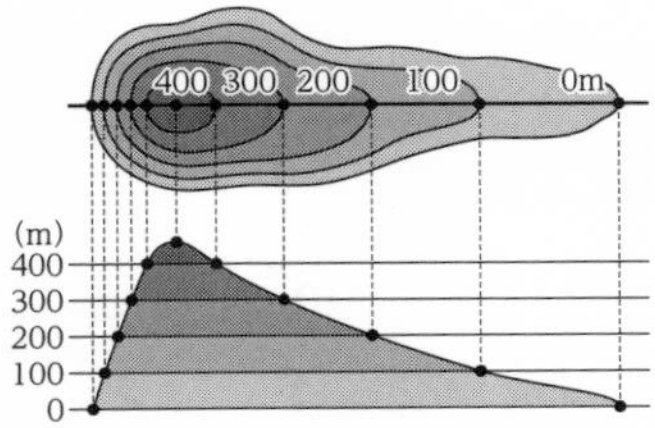


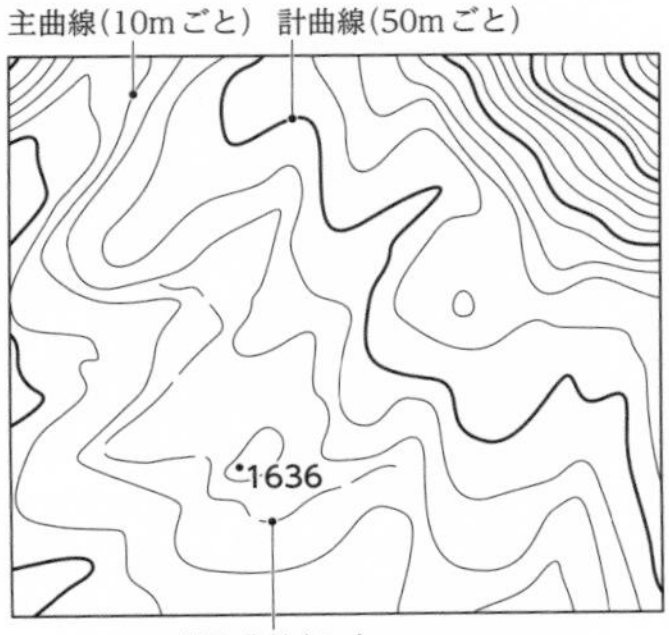


**図3-6**

等高線の説明図（国土地理院の web サイトをもとに作成）

ややこしいのは、地図に印刷されている縦の線の北と、磁石の北とは少しずれていることです。磁石の磁針が北を指す先を「磁北」といいます。地図に印刷されている方眼紙のような四角い輪郭線（「図郭」と呼びます）の北は真北ですが、磁石が北を指す磁北は、その線より少し偏っています。そのことについて2万5000分の1地形図の余白には「地形図の基準」という説明があり、「磁気偏角は西偏約7°0'」（「東京西南部」での例）と記されています。すなわち、真北に対し西に約7度の偏りがあります、ということです。

この西偏は日本列島の中でも大きく差があり、北海道の道北地域では10度、鹿児島では6度前後なので、地形図の注意書きをよく見る必要があります。

そこで、仮に東京付近の地図で磁北が必要とされるときは、360度−7度＝353度（南北の縦の線から左に7度でも同じ）で、図郭線から角度をとり、鉛筆などで線を引いておくとわかりやすいと思います（図3−7）。

いずれにしてもオリエンテーリング競技のように、非常に正確な読図をするのでなければ、あらかじめ地形図に線を引いておく必要はありませんが、地図の北と磁北とが少し違うのだということは心得ておいてください。

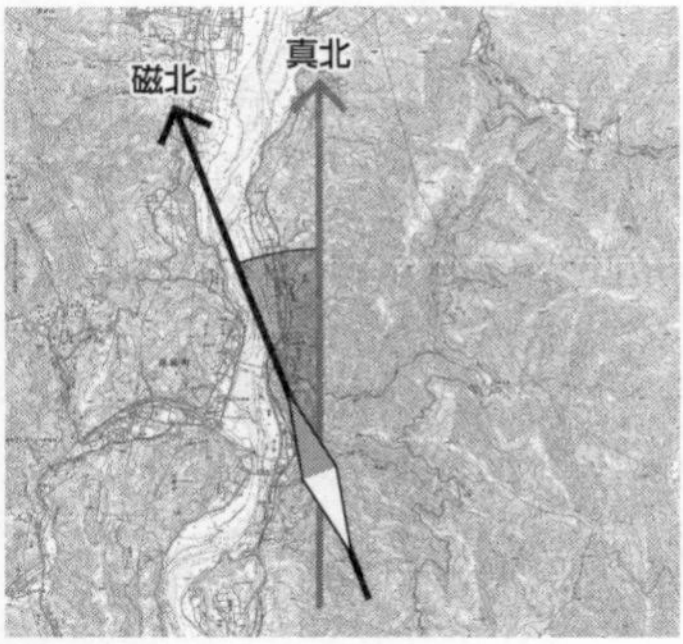


**図3-7**

真北と磁北（国土地理院の web サイトをもとに作成）

## ❺自分の位置を知る

地図に慣れていない人から「自分の今いる場所がわからない」という声をよく聞きます。地理の好きな人同士でまち歩きをしていても「今いるところはどこ？」という質問が結構あるのをみると、知らない土地での地図の判読は難しいということかもしれません。地図の説明書や入門書には、等高線や縮尺、地図記号の読み方の話は必ず出ているのに、「自分の位置を知る」という説明はとても少ないのです。

現在いる場所をしっかり把握するためには、まず周囲を見て、目標となるものを見つけます。近くの山や川、道路や鉄道、橋、大きなビル、神社や寺などです。

地図の上は北ですから、まず地図を正しく置いて、その方向と目標物の方向の関係から自分の位置を見つけていきます。特に2万5000分の1地形図には、市販の地図やスマートフォンのナビゲーションにあるようなコンビニ、量販店、ガソリンスタンドといった親しみのあるものの表示はないので、慣れていないと、どこがどこだかわからないということになってしまいます。

ということは、地図を見るときに地図だけを覗き込んでいては、自分の位置はわからないということです。まず周囲の風景や目標物（山や道路や塔など）を3ヵ所程度定めて、地図と突き合わせて自分の位置を知るようにしましょう。

人間の空間認知と地図読みの専門家である村越真氏は「ナヴィゲーションにおいて『地図を読む』とは実は風景を読むことなのだ」と述べています（『地図が読めればもう迷わない』岩波アクティブ文庫）。

そのための基本的な方法として、次の四つを挙げています。

a．ランドマーク（目印）を使う。b．距離感や時間を使う。c．遠くの目印も使う。d．目印からの距離を測る。

私はさらに五つめのeとして「土地の起伏（高低差）」を加えたいと思います。

簡単に説明すると、地図に載っている特徴的なところ（学校、警察、郵便局など）と、現実に見えているものとの対応関係を把握して（a）、わかりにくければ、近くのものだけでなく、ある方角の遠くにある目印（スカイツリーが見える、六本木ヒルズが見える、富士山が見えるなど）を使うことです（c）。さらには〝曲がり角を曲がった、踏切を越えた、そこから急な坂を5分下った〟などのような距離感や起伏を加えれば（b．d．e．）、おおよその自分の位置が把握できるようになるということです。

当たり前のことですが、地図は周囲と対応させながら見てはじめて、その役割を果たせるものです。大いに現在地感覚を磨いておきましょう。

## 現在地探しをやってみよう

ここで実際の現在地探し例を、下の地図（図3―8）と次ページ以降の写真で見ていきましょう。

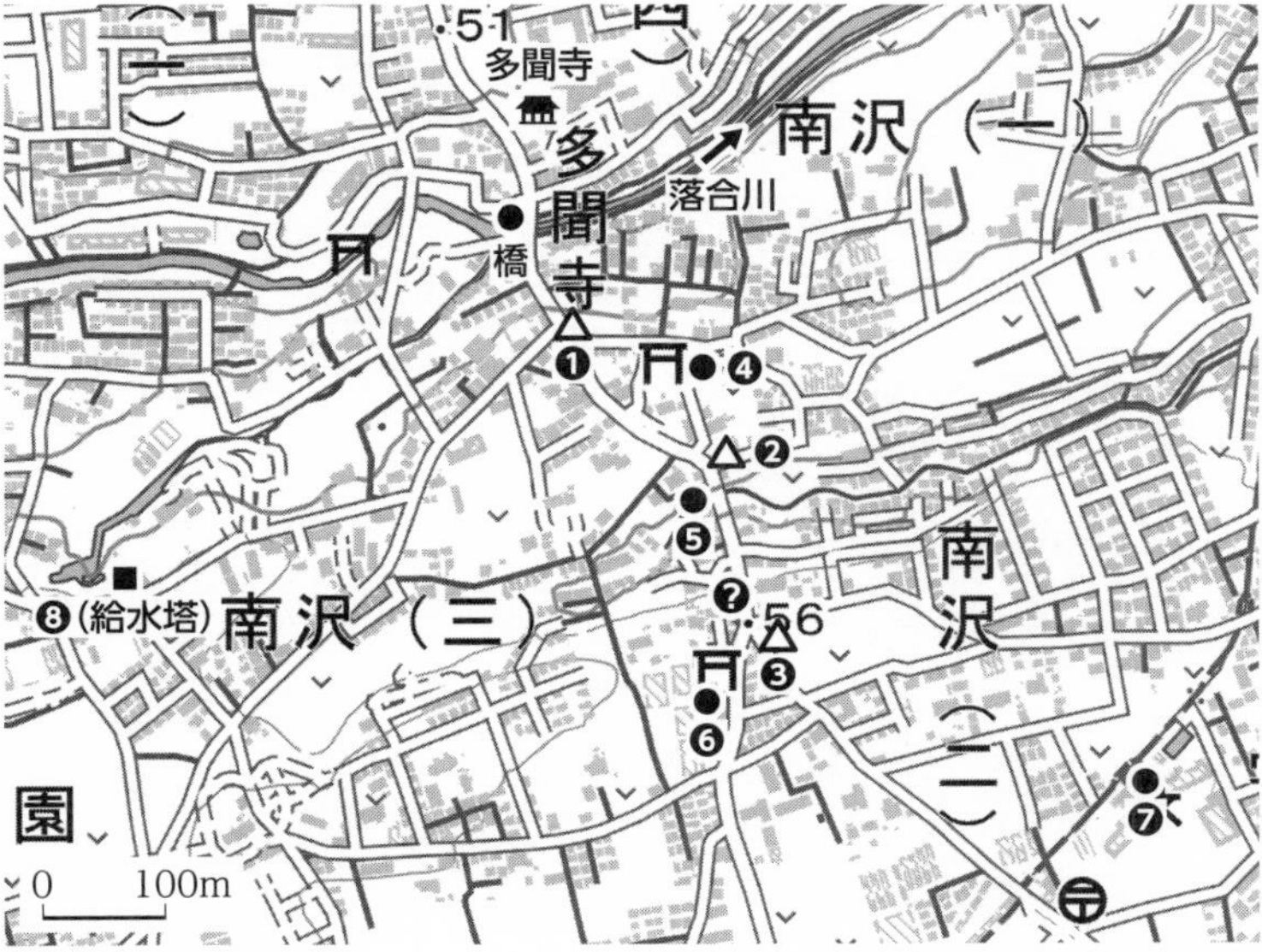


図3-8

（地理院地図）

都市の近郊は、畑地と住宅地、そして開発中の土地などが混在していて、道迷いの起きやすいところです。細く曲がりくねった農道が、そのまま道路になって残されたエリアに、住宅地が無秩序に広がっているという光景は、あちこちで見ることができます。

東京・東久留米の南沢湧水群を訪れ、美しい流れの落合川から横に入って近道をしようとしたら、自分の正確な位置に自信がなくなりました。

多聞寺のそばを歩いたところまではわかりましたが、似たような道の交差や分岐が多く、判別がつきません。

① 土地の起伏

最初にカギになるのが土地の起伏です。多聞寺の「橋」から△❶までは上り坂、そしてまた△❷に向かって下ります（図3—9）。

△❷のそばの地点❺には小さな流れがあり、台地を刻んでいったん低くなっており、また南へ向かって上り、△❸から台地上になります（図3—10・11）。

図3-10

図3-9

② 近くのランドマーク

図上の❹と❻には神社（鳥居マーク）がありますが、❹には小さな祠があるものの❻は見つからず、手がかりになりません。他には近くのランドマークがない状態です。

③ 時間距離

「橋」から△❶まではわずか、△❸まででも10分弱くらいなのでそんなに遠くまで歩いておらず、時間からみて現在地は、△❸の前後だと考えられます。

④ 周囲の特徴的な風景

△❶〜△❸周辺は住宅と畑やビニールハウスが混在した特徴のない景色で、現在地の決め手になるものはありません（図3―12）。

⑤ 道路形態

道の幅や交差の仕方、分岐の形は役に立つ判断材料です。△❶も

図3-11

図3-12

△❸も同じような幅の４本の道がくねりながら合流しているのがわかります。しかしこの２地点は離れているにもかかわらず、前後が坂になっている点、道路が不規則に交差している点などから、非常に似ておりどちらにいるか錯覚してしまいます。

### ⑥遠くのランドマーク

少し高い位置を見ながらビルや送電線など遠くの目標物を探してみます。△❸から東南に（地図上では見えにくいのですが）送電線の終点の鉄塔❼が、見えました（図３―13）。そして△❸から少し元へ戻ろうとしたとき、農家の駐車場の屋根の上から❽の給水塔のてっぺんが見えました！（図３―14）

これで自分が△❸の少し北にいることがはっきりしました（図３―８の❓マーク）。

スマートフォンの位置情報なら一瞬という人もいるかもしれませんが、いかにそれを使わずに自分の頭を使って判断するかを楽しみましょう。

**図３-13**

**図３-14**

# 3 現地を歩く

## ❶歩きはじめる前に

さまざまな情報収集や準備をして出発。現地へ着きました！　さあ、地理の旅を始めましょう。

到着してすぐに目的地に向かってスタートするのも悪くはありませんが、その前に一呼吸を置いてみるのが大切です。以前に比べれば鉄道の利用は減ったとはいえ、昔も今も駅かバスターミナルからまち歩きを始めることが多いと思われます。大きな駅ならば北口と南口、東口と西口などいくつかの出入り口があるので、その様子を見ておきます。

たいてい一つは表玄関として旧市街への正面口で、もう一つは後から開設したもの（再開発や新都心の発展、企業や団地の開発、表玄関が飽和状態となったゆえの玄関機能強化など、さまざまな理由があります）というパターンが多いでしょう。それぞれの出入り口の意味も考えてみたいものです。

小さな駅やバスターミナルならば、複数の出入り口はないと思いますが、どのような街や地域でも東西南北を確認し、山々が見える場合は山との位置関係を把握することも忘れないようにしましょう。

もう少し時間が許せば、駅前やターミナルからどんなところへどんな路線のバスが発着しているのか、バス路線図を把握しておくとよいと思います。大きな街であれば、発着するバスの行き先や、どの程度の乗客が乗っているかも観察してみます。道路にはどんな種類の車両が多く、トラックならばどんな企業や団体で何を扱っているのかなど、しばらく立っているとさまざまなことが観察できます。

東西南北や目標物の確認や観察も、ねらいはその街の「全体観」「大観」を得ることです。地域の大きな構造をまず理解しておきましょう。

さて、あらかじめ準備した旅ならば、見たいところ、訪ねたいところは決めているわけですから、それらを限られた時間でどう回るかを検討します。

私は、行きたいところから先に行っておいたほうがよいという主義です。天候が悪く、やむを得ずその日の午後や翌日に回すことはありますが、行きたいところへ初めに行っておくことで、①第一候補に余裕を持って時間をかけられる（後で行った場合には、時間の関係で早めに切り上げざるを得ないことがある）、②いざ行ってみると、事前に知らなかった資料館やすばらしい景観に出会える、③結果的に後半で時間ができたときにもう一度行ってみることもできる、といった利点があります。

言い換えれば、計画をするときに、日帰りの旅でも1週間の旅であっても、あれこれ詰め込むのではなく、重点を明確にしておくことが必要だということになります。

さて、訪問するエリアの広さや行程との兼ね合いもありますが、旅はやはり自分で歩き、五感で感じることが大事です。クルマは地点間移動に限定し、できるだけ歩くのがおすすめです。歩いていると気づくのは、土地の高低差、台地や低地とその境、土地利用、目立った目標物、植生、そして地域の空気感などです。特に土地の起伏や土地条件などの自然環境は、街の性格や歴史、発展過程に大きな影響を与えています。初めて訪れた街では、前もって地図を見て想像していたのと実際の印象が、ずいぶん違うことが少なくありません。

## ❷頭を白紙にする

さて、入念に下調べや事前チェックをすると、どうしてもそれに引きずられてしまったり、先入観が強く影響を与えてしまいがちです。この章の初めに「イメージを壊す」という言葉を引用しましたが、文化人類学を中心に幅広い学問分野で大きな足跡を残した梅棹忠夫は、この姿勢を「白紙の原理」といいました。フィールドワークの神様のような同氏は「現地に入るときは、頭の中をいつでも白紙の状態にしておくこと」「黒板に字がいっぱいなら、書こうとしても何も書けないのと同じで、いかに頭を白紙の状態に常に置いておくかが知的生産にとって重要な技術である」と述べています。

地理好きの人はものしりが多く、どうしても既存の知識や常識が先行してしまったり、自らのイメージに都合のよい事象を見たり記録したりする傾向があるように思います。強みと思っていたものが、場合によっては弱みにもなるのです。

一番大切なのは、前もって調べたことに振り回されずに、新鮮な目を持って自分の頭で考えることです。それは、細部にこだわりすぎて全体が見えなくなってしまうことを避ける意味でも大事な点だと思います。頭を白紙にするのはなかなか難しいことですが、それを意識するかしないかで、ずいぶん違ってくるのではないでしょうか。

方法論として、まずは先入観にとらわれることなくどんどん現場に入っていくことを提唱したのが、ＫＪ法で知られた川喜田二郎です。１９６０年代に出版された『発想法』（中公新書・２０１７年改版）には今も新鮮な発見がありますが、同氏は野外に出て歩き回ろうとするときに、「仮説」を立てることにとらわれてはいけない、といいます。ある方向に歩いて行ったら

「こんなことがあった」ということの積み重ねのほうが大事だというのです。それを「探検」と呼んで、何でも見て何でも集める姿勢こそ必要なのだ、と強調しています。

このような、現地やフィールドでのものの見方や知恵は、人類学者や博物学者、探検家など数多くの先達が、貴重なアドバイスや体験談を交えて示していますから、意識的に彼らの作品を読むと、とても役に立ちます。

## ❸ 現地で必ず訪れたいところ

旅の予定を作るときに、なんとか時間を取って組み込んでほしい三つの場所を紹介します。

### ■ 眺望のきく高い場所

まず眺望のきく小高い場所です。

日本の場合、多くの都市や町村が山の近くにあることもあって、小さな山や丘の頂上、中腹の公園など、丁寧に探すと必ず展望台

**図 3 - 15**

金沢市街（卯辰山 130 mから）。日本海までの距離感を知る

**図 3 - 16**

五島市福江市街（三尾野町高台 40m から）。お城と港の近さを感じる

や、展望できる場所が見つかります。平野のど真ん中や海岸線であれば、ビルやタワーがないか探してみましょう。

そこへ上がってみて、まず地域の全体像をつかみ、東西南北に何が見えるかあるかを押さえます。そして、ちょっと気になる物を見つけたらそれが何かを調べたり、現地へ行ってみます。

高さはさまざまですが、高すぎても低すぎても、手ごろな鳥瞰が得られないので不適切ですね。「俯瞰景」というものがあって、人間は俯角10度（5度～15度）に最も視線が集中するという、俯角と展望の関係があるといいますが（『景観用語事典』彰国社）、私の経験では比高1

**図3-17**
琴平市（こんぴらさん舞台230mから）。讃岐平野の全体観を得られるパノラマ

**図3-18**
稚内市（稚内公園140mから）。市街地の細長さを知る

**図3-19**
福知山市（福知山城天守閣70mから）。福知山では洪水の歴史、由良川との位置関係を把握。

00~150mくらい（展望する場所の標高ではなく、眺めようとする対象の場所と比べたときの高低差）がちょうどよいのではないかと思っています（図3―15・18が該当）。

民俗学者の宮本常一は、父親から次のようにいわれていたといいます。

「村でも町でも新しくたずねていったところはかならず高いところへ上ってみよ、そして方向を知り、目立つものを見よ。峠の上で村を見おろすようなことがあったら、お宮の森やお寺や目につくものをまず見、周囲の山を見ておけ、そして山の上で目をひいたものがあったら、そこへは必ずいって見ることだ。高いところでよく見ておいたら道に迷うようなことはほとんどない」（『民俗学の旅』講談社学術文庫）。

彼はそれを自身の旅の中で実践していました。

## ■地域博物館

地域博物館とは、その土地を代表する博物館、資料館、資料室などのことです。基本的には都道府県立や市区町村立のもので「○○市立博物館」「□□郷土資料館」「▲▲歴史館」といった名前のものです。ここでは、まとめて「地域博物館」と呼んでおきます。

一般的に地域の博物館や資料館に行けば、その土地の成り立ち、自然、環境、地誌、歴史など、自然条件と人々の営みのほとんどをまとめて知ることができます。「地理」と名づけられたコーナーが少ないのは、地理というカテゴリーでは展示するモノが少ないという理由もあると思いますが、館内のすべての展示が地理であると考えておくべきでしょう。地域の博物館は学びの宝庫であり、旅の目的地にあったならば、交通の便が悪くても一度は訪問すべきです。

各地の地域博物館を訪問すると、古墳や遺跡、中世・近世の展示にはかなりスペースを割いているものの、今現在の産業や暮らしの扱いが、かなり少ないと感じることがあります。また、自然や環境に関する展示も、館によって充実度に差があるように思います。

博物館は、そこを訪れることで知識を得られるだけでなく、その土地に生きてきた人々の暮らしに思いを馳せる場にもなります。水の確保や道路・鉄道の敷設、土地の開発や農業の振興、そして生活の向上や教育の発展に、いかに多くの人々が生涯を捧げ勇気と情熱をぶつけてきたか、環境との共存を図り災害と闘ってきたかなど、どの地方に行っても知られざるリーダーや、土地に語り継がれる人々の艱苦《かんく》に感銘を受けます。地域を学ぶことは、人の生き方を学ぶことにもなっているのではないかと思います。

SF作家であり、1970年の大阪万博プロデューサーとしても活躍した小松左京は、博物館のとある展示を見て、知的な生きがいの極致を感じ、「生ける験（しるし）あり！」、と喝破したといいますが、博物館には関心の持ち方一つで、見る人の人生を震わせるほどの出会いもあるのです。

現在、地方の地域博物館は、人口減少で運営、維持管理が厳しくなっているところが少なからずあります。少しでも多くの方が訪問することで支援していきたいものです。

また、これらの地域博物館では、書店に置いていないような博物館だけの刊行物があったりするので、それを求めるのも楽しみの一つです。

ちなみに、東京都23区にもそれぞれの区の地域博物館があります（図3―20）。意外に訪問する機会がないのですが、休日を使って全部回ってみました。こうした博物館のおもしろさは、新宿、渋谷、銀座、浅草といった東京のステレオタイプな印象とは違った街の素顔を示してくれることです。

渋谷区にかつて牧場が数多く立地していた背景、品川区と府中大国魂神社との意外な結びつき、葛飾区での肥料としての人糞輸送供給体制、中野区に象がいた話、目黒の名産だったタケノコの独自の生産法など、遠出しなくても、都内で今まで知らなかったことに触れて視野が広がるのを感じます。

東京を訪問する方も、ぜひ時間を作って訪ねてみてはいかがでしょうか。

| 区 | 名称 | 最寄駅 | 常設展料金 | 特記事項 |
|---|---|---|---|---|
| 千代田 | 日比谷図書文化館 | 日比谷 | 無料 | 図書館と併設されたミュージアム |
| 中央 | タイムドーム明石（郷土天文館） | 築地 | 100円 | プラネタリウム併設（別料金） |
| 港 | 郷土歴史館 | 白金台 | 300円 | 歴史的建造物活用。カフェあり |
| 新宿 | 新宿歴史博物館 | 四谷三丁目・曙橋 | 300円 | |
| 文京 | ふるさと歴史館 | 本郷三丁目 | 100円 | |
| 台東 | 下町風俗資料館 | 上野 | 300円 | 谷中に旧吉田屋酒店展示場あり |
| 墨田 | すみだ郷土文化資料館 | 東京スカイツリー・本所吾妻橋 | 100円 | |
| 江東 | 深川江戸資料館 | 清澄白河 | 400円 | 他に中川船番所資料館（大島） |
| 品川 | 品川歴史館 | 大森 | 100円 | 庭園・茶室あり（旧安田善助邸） |
| 目黒 | めぐろ歴史資料館 | 中目黒 | 無料 | 旧校舎を活用 |
| 大田 | 郷土博物館 | 西馬込 | 無料 | |
| 世田谷 | 郷土資料館 | 上町 | 無料 | 代官屋敷あり（国指定重要文化財） |
| 渋谷 | 白根記念郷土博物館 | 渋谷 | 100円 | 文学館併設 |
| 中野 | 歴史民俗資料館 | 沼袋 | 無料 | 山崎邸 |
| 杉並 | 郷土博物館 | 永福町·方南町(本館)<br>荻窪(分館) | 100円(本館)<br>無料（分館) | 古民家、長屋門あり |
| 豊島 | 郷土資料館 | 池袋 | 無料 | 鈴木信太郎記念館（新大塚)、雑司ヶ谷旧宣教師館あり |
| 北 | 飛鳥山博物館 | 王子 | 300円 | 隣接する紙の博物館・渋沢史料館と割引共通券あり |
| 荒川 | ふるさと文化館 | 南千住・千住大橋 | 100円 | 図書館と併設 |
| 板橋 | 郷土資料館 | 西高島平 | 無料 | 古民家、土蔵あり |
| 練馬 | ふるさと文化館 | 石神井公園 | 常設は無料 | 古民家あり·石神井台1丁目に分室あり |
| 足立 | 郷土博物館 | 北綾瀬 | 200円 | 庭園・茶室あり |
| 葛飾 | 郷土と天文の博物館 | お花茶屋 | 100円 | プラネタリウム併設（別料金） |
| 江戸川 | 郷土資料室 | 新小岩 | 無料 | グリーンパレス内。カフェあり |

**図 3-20**
東京 23 区の地域博物館一覧表（2021 年 4 月現在）

## ■図書館

街を訪ねたら、図書館も立ち寄りたいところの一つです。図書館はどこも似たり寄ったりだと思いがちですが、蔵書をしっかり見る必要があります。

地理の旅では、図書館へ行ったら、まず「郷土資料・地域資料コーナー」などと名づけられた場所を訪ねます。郷土資料コーナーは、その市区町村の中央図書館に置かれていることが多いのですが、そうでないところもあるので、行く前にホームページで調べておく必要があります。

郷土資料コーナーに行くと、先に「下調べ」のところで述べた「キーワード」や「関心事」に関係する書籍がきっと見つかります。また本を見ると、その町について初めて知ることが出てきたりするので、予想外の発見も楽しめます。

その地域でしか発行されていない書籍や雑誌は、こうした地域図書館でしか読めないものです。また、よい本を見つけたが読む時間がないというときは、書名、発行者など必要事項をメモしておき、帰宅してから近くの図書館や取り寄せサービスで読むこともできます（必ずしもすべての図書館が対応しているわけではありません）。

図書館に来るのはほとんどが地域に住む人なので、図書館に行くこと自体、地域の様子を垣間見ることにもなります。

忙しい旅のスケジュールの中で、図書館に何時間もかけるわけにはいかないのですが、たとえば夜7時、8時まで開館しているところであれば、日没後の時間を活用することも可能です。図書館を訪ねる魅力については第4章で詳しく触れたいと思います。

なお、先の地域博物館や図書館のようなところを訪ねようと思ったときには、必ず開館しているかどうかの電話確認をおすすめします。博物館、資料館、図書館は、所定の休館日以外に臨時休館となることが少なくありません。これらのお知らせはホームページなどに出るのですが、急に閉まることもあります。また新型コロナ感染症対策として、地域住民以外の利用を制限する自治体もあることから、より注意を払う必要があります。

建物の前まで行って「臨時休館」の張り紙を見たときほど落ち込むことはありません。私もこの失敗を何度かやってしまいました。開館時間が季節で違っていたり、建物の改修工事などで見学できないというケースは意外に多いのです。

岡山県のある図書館には、以前からそこにある展示室が一度見たくて、旅の目的地を遠回りして訪問しました。駅からかなり歩いて図書館の前に来てみると、臨時の全館整理のため閉館でした。さすがにあきらめきれず事情を話したところ、係の方のご厚意で特別に展示室部分だけを短時間見せてもらえたという懐かしい思い出もあります。

## ❹その土地の人の話を聞く

### ■どのように聞くか

現地へ出かけてちょっと期待するのが、地元の方から直接話を聞けることではないでしょうか。目に触れたもので疑問に思ったことを聞いてみたい、というケースは必ずあると思いますし、自分が持った印象や感想がズレていないかなどは、実際にそこで暮らしている方々に伺うのが一番です。

しかし、いきなり知らない人に話しかけるのはなかなか難しいことです。専門的な学術調査やエクスカーションとして行なうのであれば、役所などを通じて地域の有力者や専門家などを紹介してもらったりすることもできますが、単なる地理ファンの一人歩きの旅ではそうはいきません。かといって、テレビの旅番組やバラエティのように、突然訪ねて行って親しく話ができるはずもありません（テレビでもいきなりに見えて実際は事前に打ち合わせしているものが多いと思います）。

やはりポイントは、偶然めぐり会った人との挨拶や何気ない会話ではないでしょうか。昔から「キドニタテカケシ衣食住」という話の切り出しの定石があります。話のきっかけとして「キ」（気候、季節）、「ド」（道楽、趣味）、「ニ」（ニュース）、「タ」（旅）、「テ」（天気またはテレビ）、「カ」（家族）、「ケ」（健康）、「シ」（仕事）、「衣食住」（ファッション、食事・グルメ、住まい・住所）を入口として始めるというノウハウです。

その中の「キ」（季節の話題）、「テ」（天気）は、いつでもどこでも使える便利な話題です。「今年は格別に暑いですね」「だいぶ秋らしくなってきましたね」「桜がみごとですね」「今日は冷えますね」「花粉がひどいですね」などと話しかけられて、それを否定する人はいないでしょう。

今はコミュニケーションが苦手な人向けの「雑談力」（雑談のやり方や話題を手ほどきする）の本が人気です。特に携帯やスマートフォンで育った若い年代層にその傾向が強いようですが、まち歩きでの対話は、初対面の人と親しくならなければいけないというようなものではありません。

むしろ道をすれ違ったときに挨拶する、会釈するといった「行きずりの人」の関係です。したがって何か教えてもらおう、聞こうという雰囲気を出すことなく、むしろ意味のない会話やどうでもいい話をしながらその中に話題の糸口を見つけていくようにするのがよいのではないでしょうか。

この「人に話しかける」「教えてもらう」というのは、常々難しいと思っていましたので、何人かのベテランの地理の先生方にそのノウハウを訊ねたことがあります。

いろいろな答えをいただきましたが、特に参考になったのが、①常に笑顔で挨拶をする、②相手も話したいなぁと思っているときがあるので、そのタイミングをうまくつかむ、③何ごとも何度も場数を踏めばだんだんできるようになる、というものでした。わずかでも、たくさんの人と話すことで、地域の姿がより鮮やかに見えてくるのではないかと思っています。

加えて、少し関係作りができてくれば、その次の話題として、自分の専門分野の話から入っていくのが自然であるように思います。農業をやっている方なら農業のことを、商店をやっている方なら扱っている商品のことから、建築分野の方なら家や建物のことから、という具合です。問題意識を持っている分野をはっきりさせたほうが話しやすいのではないでしょうか。

日本全国を旅して、聴くこと、語ってもらうことの達人といわれた宮本常一は、もともと農業も漁業も自ら経験していただけでなく、各地を旅して見聞したことを豊富に蓄え、情報提供もしていたといいます。何度も同じ農家に通って、何時間過ごしても話が尽きることはなかったと伝えられていて、彼の著作の中から気づくこと、教えられることは数多くあります。

## ■いろいろな人に聞く

さて、単純な質問。たとえば、

「この辺では雪はどれくらい積もりますか？」

「いつごろまでこの川では水遊びしていたんですか?」
「ここのイチゴはどこに出荷されているのですか?」
「どこから通勤している人が多いのですか?」
というような話でも、答えは何通りも返ってきます。ときには予想と正反対の答えもあって、そもそも質問自体が正しくなかったのではないだろうかと思うこともあります。

地元の人だから何でも知っていると勝手に考えるのは間違いです。例としてよいかどうかわかりませんが、外国に行ったとき、よくその国の人たちから日本のことをいろいろ聞かれて、まともに答えられない思いをした方は多いと思います。私もそうです。したがって地元の方が何でも知っていると思って訊いてはいけませんし、(失礼ながら) 答えてもらったことが正しいとは限りません。

高校時代の地理クラブでは、顧問の先生がいつも同じ質問を他の場所の違う人に聞くのが不思議でなりませんでした。

あるとき、私は先生に「それはさっき聞いたばかりですよ」といったことがあります。先生は私の質問に気分を害することもなく「1人だけに聞いたんではだめなんだよ。いろいろな人に聞くことで、違った答えが返ってくるだろう。そのためにいろいろな人に同じ質問をするのが大事だよ」と答えてくれました。そのときは自分も高校生でそんなものかな、ということで終わってしまいましたが、社会に出て、それはすべてに通じることではないかと思ったのです。
その後に読んだ本で中野尊正『郷土の調査法』（古今書院）という一冊がありましたが、文中に「少数の個人の意見で自分の考えをまげてしまうことのないようにしなければならない。代表的農家を選ぶ場合も1戸でなく2戸をえらんでもらうという着意が必要である」とありました。

また、現地では「調査しているんです」「調べているんです」という言葉を使ってはいけない、「勉強しているんです」がいい、というアドバイスを受けたことがあります。

たしかにあまり人の来ないところや、普通の観光では行かないようなところを訪ねるわけですから、何でこんなところに来ているの？　と地元の人から警戒感を持たれてしまうこともあるでしょう。自分（自分たち）のやっている地理の旅やまち歩きの楽しみをわかりやすく話してみましょう。

「初めて感」も大事だと思います。人は基本的に親切にしたい、役に立ちたい、協力したい、という気持ちを持っています。その方の厚意にこたえる意味でも、地理好きのものしり、訳知り性癖は抑えて、「知らないことばかりなので教えていただく」気持ちを忘れないようにしたいものです。

# 4 旅のメモと記録

## ❶メモと書き込み

地理の旅ではメモと記録をどんどん残したいものです。文章と写真が中心ですが、今はさまざまな端末の機能を活用した記録方法があるので、自分の気に入った手法を構築してみてください。

私の場合、ポケット判のメモ帳を携帯して、そこにメモ書きしますが、見たり歩いたりして知ったことや感じたことは、その場で紙地図の中や余白に直接書き込んでいます。臨場感が加わるので、地形図にメモするこのやり方は気に入っています（図3―21）。

大事なのは、日付だけでなく、時間をメモしておくことです。どんどん書いていると、順番がわからなくなります。次に電車に乗ったらメモしよう、近くにベンチが見つかったらメモしよう、というくらいまでは覚えていられそうなのですが、必ずといっていいほど忘れます。すぐに立ち止まって一言メモしておきます。

地理に限らず、会社の仕事や会議でも、メモを取る人は取るし、取らない人は取らない、と

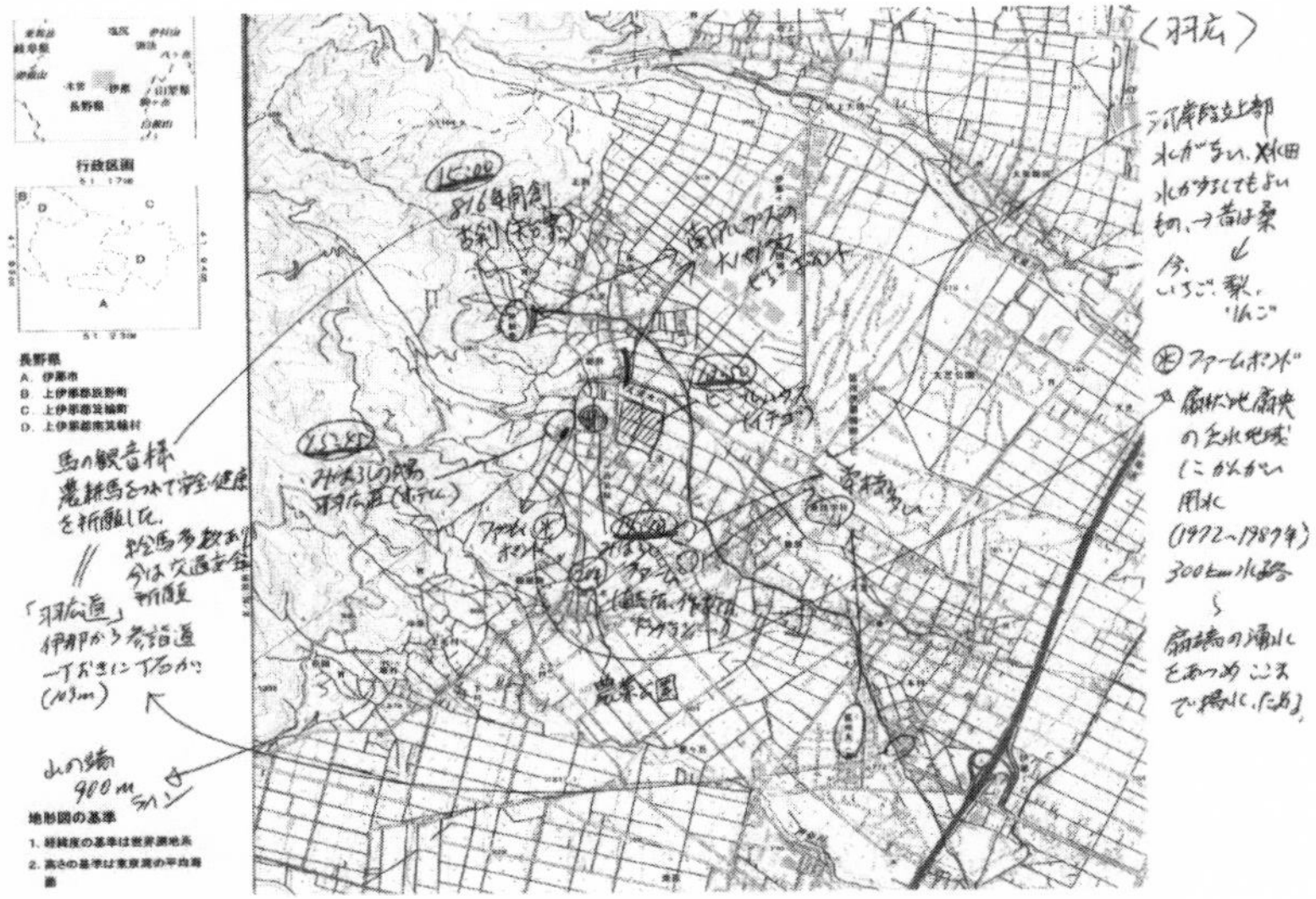


**図 3 - 21**

地図書き込みメモの例（2 万 5000 分の 1 地形図「伊那」国土地理院）

はっきりしているように思います。いちいちメモしなくても覚えていられるので必要がないという人や、メモを取ることより考えることにエネルギーを集中すべきだと思う人などそれぞれです。

ただ、野外観察を何より重視する地理学の世界では「文章でもスケッチでも、フィールドノートに書き留めるのはたんに記憶の補助にするというだけでなく、それによって観察力をより鋭く研ぎすまし、よりよいアイディアのひらめきを期待するのだ」（『地理学への招待』古今書院）という考えもあり、メモする作業自体が注意力や感度を高める作用があることも認識しておきたいものです。

## ❷カメラとスマートフォンの活用

カメラはコンパクトデジタルカメラを使っています。スマートフォンも補助的に使いますが、撮った写真のファイルはデジタルカメラ＋パソコンのほうが管理しやすく、ハードディスクでもクラウドでも、バックアップを取っておく際に、パソコンのほうが使いやすく感じています。スマートフォンのほうが簡単でスピードが速いという意見もあるので、自分の使いやすいほうを選択してください。

スマートフォンには、屋外にある説明板などに書かれている文章を声に出して読み上げると、そのままテキスト化して記録できる、メールのマイク（音声）機能があり便利です。周りに人がいると、声を出して読み上げるのは恥ずかしいですが、そのまま原稿にも使え、とても効率的です。看板や説明板を写真に撮ったとしても、意外と後で読まないものです。

また、スマートフォンを使った整理法では、Evernoteを利用すると便利です。詳しくは関連するサイトや参考書籍を見ていただきたいと思いますが、簡単にいえば、ｗｅｂサイト情報でも文字でも写真でも、メモをノートとしてどんどん溜めていくことができ、必要なときにキーワードの一部で検索できるシステムです。

見聞や記録そのものをキーワードとして保存しておけるだけでなく、手書きでメモしたノート自体や文献を写真に撮って保存することで、いざというときにさっと一発で必要な情報が得られます。自分の手書きメモでも（丁寧に字を書いていれば）正確に検索してくれますので、本当に助かります。類似のものは他にもあるようなので、自分に合ったものをうまく活用してみてはいかがでしょうか。

## ❸図の活用

フィールドワークでは、昔からスケッチが活用されています。スケッチのメリットは、写真では表現できない、または読み取れないような細部も、わかりやすく表現できることや、描く人が大事だと思ったところが写し取られ、大事ではないと思われるところは割愛されるという取捨選択が行われる点です。

私の場合は上手なスケッチはできませんが、図でメモしておくということはあります。フリーハンドの見取り図のようなものです。言葉で説明してもわかりにくいような場合、簡単に全体の図を描いておくと、一目でわかります。何といっても、後で見てもすぐ記憶がよみがえるのが長所です。

自然に対象物の取捨選択がなされるので、写真と違ってポイントだけを残すこともできるのではないでしょうか。

# 5 地理の旅のまとめ

## ❶旅行記としてまとめる

地理の旅から帰宅したら、メモや写真をまとめ、整理しておきたいものです。自分だけのアーカイブスですが、単に保管・保存のためのファイルでなく、また活用することを前提に取り組んでみましょう。

旅行の記録のポイントは、構えすぎないこと、格調高い紀行文やレポートを書こうと思わないことです。何月何日何時、どこへ行った、どこを見たというように、時の経過を追った内容であれば、抵抗感なく書き進んでいくことができるでしょう。最初は箇条書きでも短文でも構わないと思います。

私は上手に書くことより、うまく思い出すことに努力します。印象の強いことを思い出して書き並べていくと、そのあと細かなことも浮かんでくるようになります。先ほどのメモや写真もそのために効果的に使います。その際に大事なことがあります。

①事実と感想を分けてとらえる。

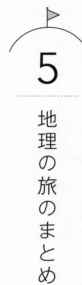

②そこで何を知ったのか、学んだのか考えてみる。そして今回の旅がきっかけでさらに深く知りたくなったことを挙げる。

たとえば次の文章は、私が北海道松前町を訪れたときの記録の一部です。先ほどの「②旅がきっかけでさらに知りたくなったこと」を残すことは大事です。たとえば傍線の部分は、接点ができたこと、気づきを得たこと、詳しく調べようと思ったことです。そうした新しい興味や関心を持てること、知ることや学ぶことのステージアップも地理の旅の楽しさではないでしょうか。

## 北海道・函館から松前へ

○知内、福島、吉岡など、延々と海岸線をバスは走る（図3—22）。この厳しい自然条件の中を、昔はJR松前線が走っていた。道南の名峰大千軒岳を含む諸峰の美しい景観が望める。江戸時代は砂金採取で栄えたというが、それらに紛れて身を隠したえぞキリシタン殉教の悲劇など、ここへきて初めて知ることが少なくない。10：30、函館から93㎞の松前着。

○松前公園に入り桜を見る。圧巻である。さまざまな種類の桜が50日間咲き続けるという。東京のソメイヨシノのような色の淡いものは少なく、八重桜、彼岸桜など色の濃い、また花が大きくしっかりした存在感のあるものが多い。それがまた北海道には似合っている。

○北海道における城下町としての松前の街はもちろん興味深いが、明治維新まで２５０年間変わらず続いてきた松前藩・松前家には、さらに興味をかき立てられる。日本で最後の日本式築城といわれる城は天守御門などを除いて明治8年に解体されている。戦後焼失した天守閣は再建だが、本丸御門などが往時のままで重要文化財である。

○江戸期にこの地を訪れたさまざまな人物の紀行文や訪問記録には、江戸にもないといわれた松前の繁栄ぶり、関西や京の雰囲気の芸能・文化、住民の経済的豊かさについての記述が数多く残されている。盛んだった北前船での交流の歴史が興味深い。

○松前公園は奥へ行くほど高くなっていて、その高みから南側を

**図３-22**
白神岬

**図３-23**
松前の街と日本海

見る（図3―23）。対馬海流の影響で北海道の中では比較的温暖な気候のこの地は、雪も少なく、その恵まれた自然条件が当時の街の発展の基礎になっていたことを感じる。松前半島は崖や幅の狭い海岸段丘が多く、利用できる平地が少ないと感じたが、ここは海岸段丘の末端を利用して城や街を形成したようである。本丸から裏へ北側に向かって上り坂となり、松前家墓所の他、多くの寺院が立地する。

○江戸時代の最盛期には、5万の人口を擁したという、当時仙台以北で随一の都会も、今の人口は7300人。「平日の日中は誰も歩いていません」と語る地元のガイドさんは「ぜひ移住してきてください」と訴える。たしかに城下通りを歩いていると、歴史的景観を守るため、電線が地中化されていることもあって、クルマも人もいないメインストリートの空間の広さだけが目立つ。松前町の統計資料では、高齢者比率が45％である。年々人口減少が進む一方だが、行政の取り組みや地域の組織などはどうなっているのだろうか。北海道最大都市の移り変わり（松前→函館→札幌）も、もう少ししっかり知りたい。

○同じ統計資料から考察すると、町の現在の産業の中心は漁業と水産加工業、食品加工業などの漁業関連。そしてサービス・飲食業などの観光。この二つが主体と思われる。漁業の中心はイカ、ホッケ、海藻などである。観光の入込客数は微減といった状況のようである。今後の北海道新幹線の効果などに関心を持ってみたい。

○13：30に松前町を出発、福島町へ向かう。（以下略）

まとめ作業は帰ってきた直後にやるよりは、少し間を空けたほうがよいと思います。帰宅直後は興奮状態で、まだ半身現地にいるような状態なので、少し客観的に見られるようになるには何日かおく必要があります。昔から文筆を生業としている人たちも、1週間、ひと月、場合によっては半年置いてから紀行文などに取り組んだといいますが、私も帰宅直後でなく、平均すると3～4日後から始めています。お試しください。

## ❷発表できるところがあれば発信してみる

今はこうした記録や成果物をフェイスブックなどで発信、共有するのが盛んです。ブログならばさらに細かく、量も質も十分に報告や発信ができるでしょう。

また、地理やまち歩きに関する雑誌、文芸誌、同人誌など、違和感のないような分野の雑誌があれば、投稿にチャレンジしてみるのもおもしろいと思います。雑誌などへの投稿は、読んだ人の役に立つことが第一ですが、執筆者にとっても励みになります。同時に、読者の反応や新しい情報をもらう機会にも恵まれます。

私は、こうした旅の記録が蓄積すれば、アマチュアであっても、それがそのまま現代の地域の記録を残すことになるのではないか、最新版の「地誌」を作ることになってくるのではないかと考えています。

# 6 地理の旅の七つ道具

## ❶地図

地理の旅の際に絶対に必要なもの、あるいはより楽しい旅にするためにおすすめの道具を紹介します。

まず、何はなくても地図です。それぞれの行き先や用途によって使い分けをします。国土地理院の地形図については先に詳しく触れたので、ここでは市販の地図について触れておきたいと思います。

地方都市を歩くならば、「昭文社の都市地図シリーズ」が便利です。これは大きな駅の売店にも置いていることがあるので、簡単に入手できます。しかしながらこの地図が発売されているのは、一定の購買ニーズが見込まれる都市規模までなので、発行されていない都市も非常に多いのです。

その場合はパソコンで、地理院地図や、市町村のホームページにあるマップを印刷しますが、正直、持ち歩きにはなかなか使いやすいものがありません。地図アプリを使ったり、地形図を拡大コピーするなど、自分で使い勝手のよい地図を用意するしかないと思っています。最終的によいものが見つからないときでも、現地に行ってから観光案内所や役場に行くとよい地図があったりします。あきらめずに探しましょう。

現地での単純な位置確認や、最短ルートを探すだけならば、スマートフォンの地図で十分ですが、地域の全体観をつかむのは難しいでしょう。

市街地でなく田園地帯や山間部を歩こうというときには、国土地理院の2万5000分の1地形図を持っていきます。このとき、地図は折りたたんで小さくし、歩くのに必要な部分だけを表にして左手に持ちます。地図の使い方はオリエンテーリングのやり方が一番よいと思います。すなわち進行方向を前にして「サムリーディング thumb reading（図3—24のように左手で地図を持っているときは、左の親指を常に現在位置のところに合わせながら持つ）」して歩きます。

ついでに述べれば、目標物のない、ややわかりにくい道を歩くときには「歩測（左右の足で歩く2歩を1歩とカウントして平均の距離を出しておき、それが何回かで距離の見当をつけるやり方）」が役に立ちます。道の分岐や植生の境目などで、最寄りの目標物からど

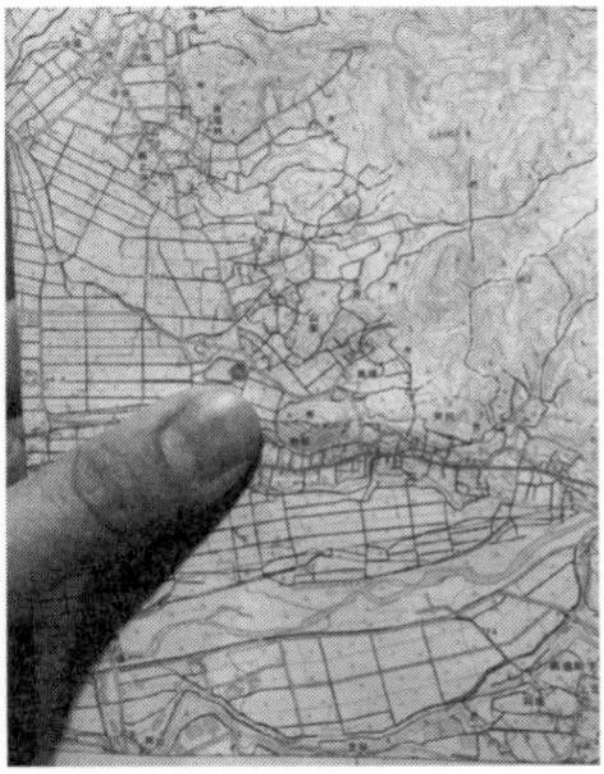

**図3-24**

サムリーディングの例

れくらいのところにいるのかという判断に役立ちます。不思議なことに、100%自然に囲まれた山や森の中にいるときよりも、小さな集落などにいるときのほうがかえって間違いやすいということがあります。

## ❷メモ帳やノート

現地での記録は小さな手帳を使っていますが、これまでいろいろなものを使ってみた結果、リング式ノートで硬くも柔らかくもないものがベストでした。以前はM社製の小さなメモ帳を愛用していましたが、製造中止となったため、今はリング式で胸ポケットにも入るくらいの大きさのものを選んでいます。

地理学のフィールドスタディ（野外調査・観察など）で使う「フィールドノート」を使うのもよいでしょう。硬い表紙（ハードカバー）で方眼罫線入りの定番のもので、アウトドア用に工夫されており、スケールもついていて使いやすいです。残念ながらポケットに入りにくいサイズのため私は使っていませんが、ノートとしても書きやすく、ちょっとした絵や図をスケッチするにも適しているので、試してみてください。

古今書院のフィールドノートは、表紙デザインもさまざまなものがあって楽しく選べます（http://www.kokon.co.jp/search/g5885.html）。

### ❸筆記具

歩くときには地図と手帳、筆記具、カメラを両手で操らなければならないため、ボールペンは図3―25のように首から下げるタイプにしておくと便利です（ポケットで筆記具を探す手間もなくて助かります）。

### ❹カメラ

今はスマートフォンで動画を含め何でも記録できる時代になりましたので、改めてカメラについて触れる必要はないかもしれませんが、先述したように、私の場合は地理の旅の写真はコンパクトデジタルカメラで撮っています。これについては個人の使い勝手や好みなので、七つ道具としては、何かしら写真が撮影できるものとしておきましょう。

### ❺方位磁石、コンパス

方位を知る道具は、昔は方位磁石だけでしたが、今はスマートフォン、アウトドア用ウォッチなどいろいろとあり、また角度も

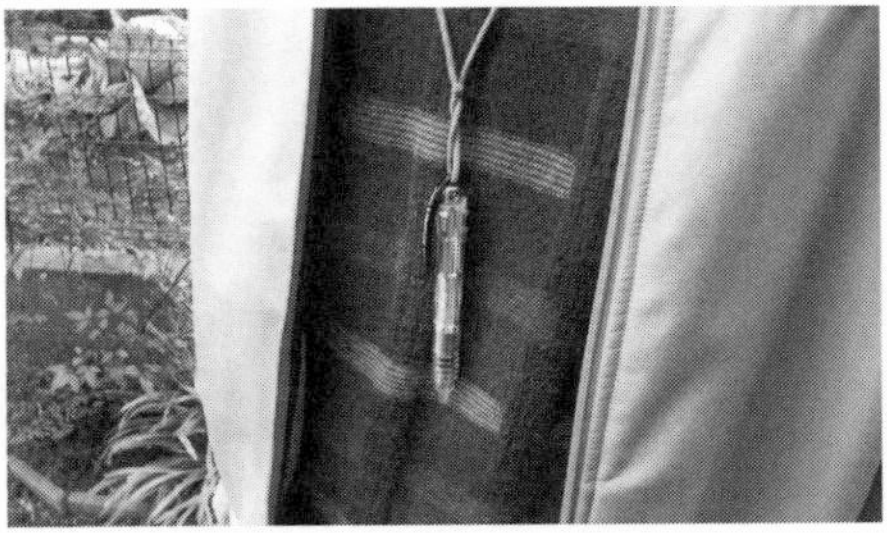

**図3-25**

筆記具は首から下げる

細かく表示されて正確です。何を使ってもよいのですが、地形や街並み、川の流れ、風向きなどを見るときに必要なので、方位のわかるものを携行してください。

## ❻双眼鏡（単眼鏡）、ルーペ

旅の行き先に応じて持参すると便利です。双眼鏡（単眼鏡）は、展望のよいところで遠景を眺めるのはもちろんのこと、数mくらいでもそばに行けない樹木や花をよく見たいとき、説明板などが少し遠いときなどにも活用できてとても便利です。

ただし双眼鏡は重いのと嵩張るのが難点で、私はポケットにも入る単眼鏡を使っています。今は折り畳み式の小さくても性能のよいものがあり、これ一つで行動範囲が広がります。ルーペは岩石や砂などを拡大して見たいときには必須です。その場合には単なるルーペではなく、地学観察用の岩石・鉱物用ルーペがよいでしょう。

## ❼帽子

帽子は日射を避けるだけでなく、風を防いだり、冬の寒さも和らげてくれます。四季を通じて必要です。

その他、特に夏の対策（水、サングラス、扇子など）ですが、年々猛暑が記録を更新するようになったので、熱中症を避けて、真夏にはあまり歩き回らないことをおすすめします。夏に限らず、最低限、十分な飲み物や帽子を持つことは当然ですが、扇子は夏だけでなく、春や秋でもちょっとした涼をとれるので、バッグに入れておくと便利なことがあります。

## ❽その他の便利グッズ

### ポストイット（付箋）

ポストイットは持っていると意外と役に立ちます。メモ帳がわりになり、書き込みをする用途はもちろんですが、経験上助かったのは、現地で図書館に行って蔵書をコピーしたときに、注目箇所をマークできたときでした。

### 「たんけんバッグ」「たんけんボード」

小学生用の野外活動グッズで、いわゆる〝ひも付き画板〟というものです。

一番ポピュラーな使い方は、図3―26のように首から掛けておなかのところで支え、机のようにして書きます。小さいころ

**図3-26**

たんけんバッグを使用

スケッチするときに使いませんでしたか?

このボードのすごいところは、板の裏にポケットがついていて、筆記具のみならず、A4サイズの書類まで入るスペースがあることです。短時間のまち歩きなら他の荷物は全く不要で、これだけでバッグになります。

大人が使うのはちょっと恥ずかしいと思われるかもしれませんが、便利さが恥ずかしさに勝つ商品です。価格も1000円以下、もっと知られてもよいものだと思いますし、メーカーさんも大人向けにシックなデザインのものを開発すればヒットするのではと思っています。教材会社のトーエーやレイメイ藤井などのものがあり、web通販でも買うことができます。

以上、七つ道具などの持ち物は、日帰りや宿泊日数に応じて、持ち物チェックリストで管理しておくと便利です。

# 第4章

# 地理のちょっと違った楽しみ方

# 1 Eテレ・高校講座「地理」を楽しむ

さて、これまで、さまざまな地理の旅やまち歩きを見てきました。ここからは〝地理を楽しむ生活〟〝地理のある人生〟という側面から、「地理のちょっと違った楽しみ方」を三つ紹介してみたいと思います。

一つはテレビの視聴です。ＮＨＫの「Ｅテレ」チャンネルは、以前「ＮＨＫ教育テレビ」と呼ばれていました。２０１１年から「Ｅテレ」の名称が使われるようになりましたが、その中の歴史ある番組の一つが、高校講座です。高校講座はラジオでも第二放送で放送されていますが、地理はテレビのみで、週１回見ることができます。

今の高校講座は、講師が説明ボードなどを使って講義をしていた以前とは違って、有名タレントが出演し、バラエティ番組のような雰囲気で放送されているので、これが高校講座？とびっくりしますが、誰にでもとっつきやすく、楽しく学べる中身になっています。

具体的に今放送中の「高校講座・地理」を見てみましょう。

放送は毎週金曜日の14：40から15：00までの20分間。年度初めの4月の第1回から翌年2月まで40回にわたって、系統的な地理と地誌の両面から幅広く地理を扱っています。これ以外に、夏休み、冬休み、春休みには、復習として重要な放送回を再放送しています。まずはどの回でもよいので視聴してみましょう。年間の放送計画表は番組ホームページで知ることができます。

私が楽しみにしているのは、内容の説明より、中間や後半に組み込まれている現地取材レポートや現地見学などです。これらがとてもよくできていて、あたかも地理の旅をしているかのような臨場感があります。

番組用の専用教科書はありません（番組を制作するにあたって使用した教科書は示されています）。したがって記録を残したい人は、できればノートを1冊用意し、自分なりに気づいた点や忘れないようにしたいこと、今度行ってみようと思いついたことなどをメモしながら見るとよいと思います。

さらにこの講座のよいところは、自学自習できるように、パソコンやスマートフォンを使ったバックアップ体制、フォローのしくみが入念に作られている点です。

放送が終了した後でも、ストリーミング放送でその番組を何度でも、しかも章ごとに視聴することができます。5分前後の時間があれば、パソコンでもスマートフォンでも学習できるのです。

もう少ししっかり勉強したいという人には、各回ごとに「理解度テスト」も設けられています。簡単な設問に答えることで、自分の足りなかった部分を学びなおせるようになっていたり、「学習メモ」をクリックすると補助テキストのような画面が出てきて、学習をサポートしてくれるしくみも用意されています。詳しくは高校講座・地理ホームページの「このサイトの使い方」を参照してください（https://www.nhk.or.jp/kokokoza/manual.html）。

これらは講師の方々、番組スタッフの長年の工夫の積み重ねのおかげだと思いますが、とにかくスマートフォンやタブレットを使えばどこにいても勉強できるわけですから、ぜひ活用してみてほしいと思います。まずは興味が湧いておもしろそうな回をピックアップして始めてみてはいかがでしょう。

## 2 旅日記や紀行文を読む

### ❶ 昔の地理の旅を追体験する

ひと口に旅日記や紀行文といっても、海外もの・日本もの、昔のもの・現在のものと、さまざまですが、ここでおすすめしたいのは、江戸から明治くらいまでの旅行記、道中記、紀行と呼ばれるものです。単純に昔の人の旅の記録として気楽に読んでも十分楽しめるのですが、その中に登場する新旧の地名を調べたり、現在の町や村がそこに書かれている当時とどう変わったのかを調べてみたり、著者が歩いたルートを現在の地図でたどったりすると、地理を楽しみながら読むことができます。

日本では古くから『土佐日記』や『更級日記』『十六夜日記』『奥の細道』など、紀行文学と呼ばれる著名なものが数多くありますが、当時の風景や人々の暮らしぶりが出てくるものは読んでいて興味が湧いてきます。ただし地理的なおもしろさを楽しむという点でいえば、あまり文学リッチなもの（作者の心情や感傷、人生観が中心のもの）でなく、事実に忠実な（その土地の風物や地勢がリポートされているような）作品のほうがよいでしょう。

紀行文学の研究者である板坂耀子氏によれば、中世以前は、旅そのものが命がけで危険なもの、怖いもの、やむを得ず行なわざるを得なかったものであり、江戸時代になってはじめて、旅に娯楽的要素が生まれ、その楽しさを追体験するものとして紀行文が読まれるようになってきたといいます（『江戸の紀行文』中公新書）。

逆に見れば、我々の生きている時代と同じような旅行記や紀行文が書かれはじめたのが、江戸時代ということになります。そして、『養生訓』で知られた貝原益軒のころから、正しい事実と情報を読者に提供することが、旅の実用書としても役立つ紀行文の基本スタイルになっていきました。伊勢の国学者・小津久足（滝沢馬琴の友人）という紀行作家は「文章が流麗で名文であるより、未熟でも道筋について丁寧に書いてある作品が旅の実用になるものである」と主張しています。この『江戸の紀行文』は、これらの全体像を伝えてくれるよきガイドブックにもなっています。

ここでは、古川古松軒《こしょうけん》の『東遊雑記』と村尾嘉陵の『江戸近郊道しるべ』を紹介します。

## ❷地理好きにすすめたい古川古松軒の『東遊雑記』（平凡社東洋文庫）

地理ファンにおすすめしたい紀行の一つが古川古松軒の『東遊雑記』です。

古川古松軒（1726~1807）は、現在の岡山県総社市に生まれた人です。子どものころから地理が大好きで、暇さえあればあちこち旅行し、見聞を広めたという、読者の皆さんのような人です。家は薬種業だったのですが、江戸へ出て長久保赤水と知遇を得、巡見使の任務を果たした後、郷里に帰って岡田藩（現在の倉敷市真備）という1万石の小藩に召しかかえられます。

代表作『東遊雑記』は1788年、幕府の巡見使（各地方を回って藩の国情を視察報告する役人）の一員として、江戸から会津→福島→米沢→鶴岡→羽後本荘→湯沢→弘前→松前→青森→花輪→水沢→気仙沼→一関→仙台→白石→相馬→平→棚倉→常陸太田→江戸と、歩いて（一部は舟も）旅した記録です。この旅は街道筋でなく間道や僻地をあえて通り、藩政の実態を見聞するルートであったようで、奥州から蝦夷にかけては特に厳しい条件での徒歩旅行を強いられたようです（ちなみに『西遊雑記』もありますが、こちらは古松軒が修験者に身をやつしての山陽路から九州への一人旅です）。

さすがに地理の目をもって書かれたものだけあって、地勢、土地条件、気候、田畑の状況、人々の暮らしぶり、家の造り方、町や村の経済状況、人情・風俗など、目にするものすべてに関心を持って克明にメモし、かつ必ず事実を確認してから判断している様子がわかります。

「さてこの辺は石のなき所にて、家造りにも石を用いず、皆土座造りなり」（栗橋）

「日向・大隅は海魚は多くて米穀不自由なり、この辺は米自由なれども魚なく、三十余里西の方越後より塩魚を送り来るといえども、価高くして下民の口に入りがたし、会津君とても御在国の時生魚を食し給うこと稀なるよし」（会津）

「岩城山（岩木山）は（略）その詠《なが》め一ならず。厳島などの及ぶことにはあらず。かかる勝景にても所あしく、好む所によりて世に顕《あら》われざるも、人の世に知れざるがごとし」（岩木山）

「城下は定めて宜しき構えなるべしと思いの外、草葺きの小家多くて、甚だ侘しき市中なり。町の長さ五十余町、道筋小石数多ありて河原のごとし」（仙台）

このように訪問する国ごとに観察し、印象と評価をつづっています。古松軒は西国の出身であり、上方や西国と比較すると東国の生活は劣っていると考えていたようで、何かにつけて上方のようになっていくべきだと考えている点は、現代ではそのまま頷けないところもありますが、この時代はそれが常識であったのかもしれません。

それよりも各藩の政治、統治の良し悪しに厳しい目を向けている点は注目に値します。領民に厳しい取り立てを行なっている藩、武風が乏しい藩、藩政方針が行き渡っていない藩、家中をたくさんかかえて人件費がのしかかっている藩、改革を怠っている藩などを痛烈に批判しています。

「予按ずるに、御領主のよしあしにて、下じもの風俗大いに違うことにて、これまでの道中筋、御領主政事正しくて御身上よき御領分は、風土あしき所にも何となしに百姓の風俗もよし

(自分が考えをめぐらした結果、その最大の要因は領主のありかたで領主の良し悪しが地域社会や領民の生活の良し悪しに影響するのだ)」といっているのです。

そのうえで、全体の旅を通じて高く評価する藩をはっきり示しています。それが鶴岡(鶴岡市)、本荘亀田(羽後本荘市)、相馬中村(相馬市)、白河(白河市)などです。

「江戸を出しよりこの方、よき所の第一は鶴ガ岡(=鶴岡)、二はこの本庄(=本荘)なり。万事に心を配り見るに上国の風土あり。予考え見るに、何方にても民富饒の地は人物は言うに及ばずして、言語に至るまでもよく、俗にいえる貧は諸道のさまたげにて、貧なる地は万事賤しく、気性もあしく思われ侍るなり」(羽後本荘)

「予思うに、武家は知行の多少によらず、武風に論はあることなり。戦国の昔思うに、小身より数ヵ国討ち取りし例、はかるべからず、みな武風の善悪にありと見えたり。予六十余万石の仙台の武風に感ぜずして、六万石の相馬候武風に感ぜしなり」(相馬中村)

興味深いのは、民俗学者・宮本常一がこの古松軒の『東遊雑記』へのコメントとして「いったんその地域社会が文化的にも経

**図4-1**
「よき所の第一」とされた鶴岡。現在も残る藩校「致道館」

済的にもあるスタイルを持ってカッチリしてくるとその状態は100年、200年は続くものではなかろうか、そういう感じがする」と述べている点です（『古川古松軒／イザベラ・バード』未來社）。私たちが訪れる街のイメージやその性格、特性といったものは一朝一夕にできたものではなく長い歴史の中で作られてきたものであり、その中に封建時代の治世の名残りが隠されているかもしれないという指摘です。

当時の「地理」は、土地ごとの人情・風俗を知り学ぶことが重要であったようで、古松軒には時間を惜しんでとにかくいろいろなものを見よう、聞こうという姿勢が読み取れます。

一つ興味深いのが、当時の蝦夷松前（松前町）の繁栄ぶりです。

「さて松前にあがりしに、案外なることにて、その家宅の奇麗なること、都めきしところにて、左右の町屋表をひらき、床に花を生け、金銀の屏風も立て、毛氈《もうせん》も布きならべ、御巡見使御馳走のていと見え、貴賤の男女千体仏のごとく拝見に出でし風俗、容てい・衣服に至るまでも、上方勤めの人物に少しも劣らず。（略）かかる上々国の風俗あらんとは、風聞にも聞かざりしゆえに、一人あきれざる者さらになし」

「松前の地にては昆布を以て屋根を葺きし所もありとて、甚だあしき地のように風聞し、人物・言語も日本の地よりしては大いにおとりしことと人びと思いしことなるに、かかるよき町のあらんとは思いも寄らず、見る者ごとにあきれしことなり」

東北をはるかに越えてきた先の蝦夷地に、江戸と変わらない街が存在したという驚きです。古松軒は北海道でアイヌの生活ぶりを観察して相当の紙幅をそれに割いていますが、その中でアイヌを先入観なく的確に見て評価もしています。彼の「通説を信用しない、場合によっては厳しく批判する。現場で自分の目と足で確認して事実をとらえる」という姿勢は大したものだと思います。

他にもこれら旅日記のジャンルで、今も入手しやすい著名な道中記としては、菅江真澄の『菅江真澄遊覧記』（平凡社ライブラリー）や野田泉光院『泉光院江戸旅日記』（ちくま学芸文庫）などがあります。観察に忠実に、という視点で書かれたものとしては、次のものが読みごたえがあります。

○清河八郎『西遊草』（平凡社東洋文庫）

幕末の志士の一人で、わずか33歳で暗殺された清河八郎が、26歳のとき母を連れて自宅のある山形県清川村を出発し、新潟～長野～伊勢～京都～大阪～天橋立～岡山～宮島～琴平～京都～江戸～日光～米沢～山形を回ってくるという半年間の旅日記です。親

**図4-2**

古松軒が仙台よりも高く評価した相馬中村。現在の城跡付近

子連れで母を気遣いながらの旅であることや、宿場の評価や関東・関西の違いなど、地域観察とその記録がユニークであり、清河八郎の人柄も感じられます。

### ○松浦武四郎『アイヌ人物誌』（青土社、農文協、平凡社ライブラリーなど）

江戸末期の探検家であり地理学者、地図制作者でもあった「北海道（北加伊道）」の名づけ親・松浦武四郎が、13年間6回にわたって北海道の奥地まで入り込んだ記録です。地誌的表現に加えて、さまざまな暮らしをしているアイヌ98人を選んでプロフィールを克明に描き出し、アイヌの人権や彼らにとっての平和で普通の暮らしの回復を訴えています。生前は幕府から出版が認められず、没後、明治になって発行されました。

### ❸郊外まち歩きの原点　村尾嘉陵の『江戸近郊道しるべ』（講談社学術文庫）

もう一つのおすすめは、江戸時代の手軽な江戸近郊歩きの作品です。江戸市中については、名所記のような行楽地の説明書や江戸切絵図はあったものの、まち歩きのまとまった記録は意外に少ないように思います。江戸時代は「散歩」というものが社会的に評価されず、「犬川《いぬかは》」と呼ばれて、犬が川端をまっすぐにチョイチョイと歩いている姿にたとえられ、用もないのにぶらぶらすることがマイナスイメージでとらえられていたといいますから、その影響もあるのかもしれません。

その中で村尾正靖（号は嘉陵）の『江戸近郊道しるべ』は、休日を利用して自らの屋敷（九段または浜町）から日帰りの近郊歩きを楽しむという、約200年前の勤め人・地理ファンの生活の諸相を感じさせてくれる佳品です。

嘉陵は、毎回行き先を変えて、井の頭、石神井、川口、国府台、九品仏、大師河原など、近くは谷中、小日向から、遠くは高幡不動や桶川、船橋あたりまでを、日帰りの徒歩旅行で楽しんでいます。この本は江戸時代に正式に出版されたものではなく写本であったものの、人気があったとみえて貸し借りされ多くの人が手にしていたようです。

村尾嘉陵が歩き回ったのは、1807年から1834年までの時期、年齢でいうと47歳以降、日本史年表を紐解くと蘭学事始やシーボルト事件などがあった時代です。この本の解説によれば、嘉陵は徳川将軍家三卿の一つである清水家の事務責任者を務めていました。そして仕事の休みの日に、朝、住まいを発って郊外に

図4-4

図4-3

井の頭弁財天は多くの参詣者を集めていた。参詣道が今も残り、石の標柱や灯篭などの中に、当時嘉陵が目にしたと思われるものもある

遊び、夕方帰宅する、その間の克明な記録をとっています。この講談社学術文庫版は、現代語訳であり大変読みやすく、1日のまち歩きを楽しむ当時のサラリーマン（？）の姿が浮かび上がり、読めば読むほど連帯感のようなものが湧いてきます。

行き先は気が向いたところのようですが、評判の神社仏閣や景勝地、有名な樹木や花などを訪ねることに決め、途中で土地の人に道を尋ねたり世間話をしたり、茶店ですすめられれば酒も飲んだり、ゆるーく気負いのないスタイルが魅力的です。

たとえば、石神井池への行楽では、明け方に屋敷を出発し、椎名町、江古田、鷺宮、井草を経由し、石神井の三宝寺や周辺の寺社を参拝。帰りは東へ、沼袋から高田馬場を通って午後8時ごろ帰宅しています。

大宮の編では、寅の刻（朝4時半）に出かけ、志村、戸田を経て大宮氷川神社へ。さらに上尾の先あたりまで行き、午後2時ごろに引き返し途中一部で馬に乗り、最後は足を引きずりながら午後8時ごろ帰着しています。とにかく浅間山が見えるところまで行きたいという執念で、数年前から計画していた大宮行きをようやく実現できた、と嬉しそうに書いています。

このような日帰り郊外歩きの日記が、同文庫には30編余り掲載されていますが、どれも当時の江戸や近郊の美しさ、人々の穏やかな生活ぶりを感じることができ、それだけで気持ちが温かくなる内容です。

さらに日記の中には、地理的な自然や産業の観察も少なくないことに気づきます。

「なお行って土手を西に下り用水の橋を南に渡ると川口の宿である橋から北は鳩ヶ谷である。宿には鋳物師屋が二、三軒ある。じめじめした日が続いているので何も鋳ることができないと言う。たたらは五十人ほどで踏んでおり、皆、女を雇って踏ませていると言う。人家六、七十戸この辺りの水は清冷でしかも豊富である」（川口）

「この辺では紫根《しこん》を作っている。これは武蔵野の名高い草であるが今は奥州の南部で作られているものよりは質が落ちると言われている。野生のものを山根と言い、人の手で栽培されたものを里根と言う。この辺は野生のものはなく里根だけである」（上尾）

「私が十歳位の時に父親と一緒に堀内村（＝杉並区堀ノ内）の妙法寺に参った時に、その道に杉の苗五、六尺位のものを植えていたのを見た。その後六十年ほど経って4年前の大火の時にその杉を伐って江戸に売りに出した。いずれの木も一抱え半ほどの大きさであった。（略）苗を植えて六十年経ち一時は空を覆い隠すほどに茂っていた

**図4-5**

嘉陵の思い出の杉林とはこんな風景だったのだろうか。多くの杉林が残っていた昭和10年の杉並（杉並区郷土博物館所蔵、大西路男氏提供）

といえども悲しむ必要はない。多くの利益を生み出したばかりか人々の役に立った事は言うまでもない。杉は長じて六十年経つと役に立つのである。自分は杉に長ずること十数年になるが今日に至っても何の役にも立っていない。我杉に恥ずるとでも言うべきか」（隅田村）

村尾嘉陵は歩きながら記録を取り、土地の人々と話をし、1日の行程を一歩一歩心から楽しんでいるように感じます。個人的な趣味の宿泊旅行が制限されていた当時の武士の、精一杯の休日の楽しみのように思われ、今も昔も共通する心情があったことを感じさせる一冊です。

## ❹外国人の滞在記・旅行記を読む

幕末から明治初期に日本を見聞した外国人の滞在記・旅行記は非常に多く、当時の日本や日本人がどのように見られていたかという点でおもしろく読めますが、異文化への驚きや民俗学的興味、日本人論といったものが多いので、地理的な旅行記かどうかという点では注意する必要があります。

さらに、著者がどのようなバックグラウンドの人物なのか、ものの見方にバイアスがかかっていないかなども読みながら判断されるとよいと思います。

まず初めに渡辺京二『逝きし世の面影』（平凡社ライブラリー）を通読することをおすすめします。この本は旅に限らず、幕末から明治初期にかけて滞在した外国人の膨大な日本観察記を見事にまとめたものです。日本近代初頭の庶民の姿をあぶりだしながら、日本の近代化とは何だったのかを考えようと著されたもので、分厚い本ですがとても読みやすい一冊です。

そのうえで、地理の視点にこだわると、リヒトホーフェン『日本滞在記』（九州大学出版会）がおすすめです。副題に「ドイツ人地理学者の見た幕末明治」とあるように、ドイツの代表的地理学者・地質学者の記録だけあって、単なる外国人の感嘆や物珍しさではなく学術的、客観的な目でまとめられていると感じます。日本の地形や地質、自然地理について触れている部分が多いのも、他にはない特徴ではないでしょうか。

他に入手しやすい書籍として、以下のものがあります。

・イザベラ・バード『日本奥地紀行』平凡社東洋文庫、講談社学術文庫他、解説書多数
・エドワード・シルヴェスター・モース『日本その日その日』講談社学術文庫
・エリザ・R・シドモア『シドモア日本紀行』講談社学術文庫
・ハーバート・G・ポンティング『英国人写真家の見た明治日本』講談社学術文庫

入手しづらいものも含めれば、次の8冊も挙げられます。

・メアリー・フレイザー『英国公使夫人の見た明治日本』淡交社
・エミール・ギメ『1876ボンジュールかながわ』有隣堂

・クロウ『日本内陸紀行』雄松堂
・ジョルジュ・ブスケ『日本見聞記』みすず書房
・バジル・ホール・チェンバレン『チェンバレンの明治旅行案内』新人物往来社
・ウォルター・ウェストン『日本アルプス　登山と探険』創元社、平凡社、岩波文庫

幕末から明治にかけて日本へやってきた外国人の著作で翻訳されているものはきりがありません。中でもイザベラ・バードについては「イザベラ・バードの道をたどる」というような企画展やウォークイベント、講演会などがゆかりの地などで企画されることが多いので、関心のある方はインターネットで検索してみてください。

## 3 図書館を旅する

### ❶「図書館の旅」との出会い

旅先でぶらっとその土地の図書館を訪ねてみる、あるいは旅の途中の図書館で読書をしてみる、これが「図書館の旅」です。そんな楽しみ方があることを初めて教えてくれたのが、海野弘『日本図書館紀行』（マガジンハウス）でした。

著者は冒頭をこう始めています。

「図書館を旅したい、と私は長いこと夢見ていた。その旅をはじめられることはとてもうれしい。本などどこで読んでも同じではないかと思われるかもしれない。しかし私にとって、本は地縁を持ったものであり、単なる記号ではなくて、一つの空間であり、街である。その本に縁のある土地で読むと、本は一際、奥行のある世界をのぞかせてくれる。さらにその本によって、その街は新しい様相を見せてくれるのだ」

海野弘氏は美術評論家であり、文筆家でもあります。とりわけ世紀末美術やアールヌーボーを誰もが知る存在にした人として知られており、美術、映画、ファッション、都市論などさまざまな分野に多くの著書のある方です。それらの中にあって、旅人と図書館を結びつけるという視点を持った全くジャンルの違うこの一冊が、街の新しい楽しみ方を教えてくれました。

この本がきっかけで20年ほど前、最寄りの図書館から少し離れた図書館に散歩を始めたのが、私の図書館の旅のはじまりです。図書館が違うと、本の置き方や書架のレイアウトも違うので、ふだん通う図書館では気づかなかった本が見つかったり、今まで関心がなかった分野にも新しい視点で縁ができたりして、これはおもしろいと思いました。

それ以降、私は旅行で各地に足を運んだ際は、できるだけ時間を作って、極力その土地の図書館を訪ねるようにしています。

たとえば、こんなふうです。


桑名の旧東海道を訪ねた後、三重県桑名市立図書館に行き、堀田吉雄、水谷新左衛門『蛤の話』を開きます。地元の出版物で、桑名の焼き蛤を漁業者の立場から振り返った本です。昭和40年代まで最大3000トンもの水揚げがあった蛤が今や数トン。その背景には地盤沈下や海底土壌の変化があったとのこと。蛤漁は早朝の3時間で貝桁網を海底に引きずり、蛤、あさり、シジミを取るらしい。そばの棚にあった『伊勢湾台風』に関する詳細な写真集にも目を奪われます。

軽井沢離山にある長野県軽井沢町立図書館（現在は離山図書館）では、水上勉の『軽井沢日記』を読みました。作者が軽井沢で過ごした日常が淡々と書かれているのですが、この図書館のある軽井沢で外の雨の音を聞きながら読んでいると、自分と本が一体になる力のようなものを感じてきました。次に手に取ったのが『仏蘭西人の駆けある記』。明治末期、横浜から軽井沢を往復したフランス人グダローの旅日記です。徒歩、馬、鉄道という交通手段が組み合わさった時代の軽妙な見聞記がおもしろい。

来宮駅に近い静岡県熱海市立図書館へ行くと、熱海にゆかりの文学・芸術や来訪者、滞在者に関する書籍が目立ちます。

おや？　と思ったのは、ブルーノ・タウトに関するものが多いことです。ブルーノ・タウトは1933年から3年半日本に住み、名著『日本美の再発見』（岩波新書）他、多数の日本文化や日本建築に関する著作を残しました。熱海には彼が設計した日本で唯一の建築物・旧日向別邸「熱海の家」（昭和12年完成）が今も残されています。タウトと熱海に深い縁があったことを知り、海を臨む図書館で『建築家　ブルーノ・タウト』『ニッポン　ヨーロッパ人の眼で観た』を読みました。

青森駅前には市街地活性化のシンボル「アウガ」があり、その6階から9階に青森市民図書館が入っています。あえて一般の地理の本『日本の産業と地域再発見（下）』豊田薫（地歴社）

の青森のパートをここで読んでみます。

リンゴ王国の青森では台風を非常に恐れます。リンゴは一様に吹きつける強い風にはある程度耐えられるものの、強くなったり弱くなったりする「呼吸する風」には非常に弱いのです。リンゴが振り子のようになって落果するからです。風速13mが落果の始まる目安だといいます。

1991年9月の台風では、リンゴ生産量の8割が落果や損傷の被害を受けました。しかしこの大災害がきっかけで「リンゴジュース」が見直され、全国的に新たな消費を呼んだこと、樹木に残ったわずかなリンゴが〝落ちないリンゴ〟として受験生に高く売れたことを知りました。同時に家族全員で復興に取り組んだことで、リンゴ農家を継ごうという若者や、農業に関心を持つ子どもたちが増えたことが記されています。多くの人に伝えていきたい話です。

こんなふうに、その土地でそこに関わるさまざまなジャンルの本に触れてみる、これも私にとって現地、現物を歩いて見聞するのと変わらない地理の旅ではないかと考えています。

海野氏は次のようにも語っています。

「図書館はその見知らぬ都市への入口なのである。（中略）図書館は都市に深く結ばれている。私たちは街を逃れて図書館にこもるのではなく、街に入っていくために図書館にこもるのである」（海野弘『海野弘 本を旅する』ポプラ社）。

## ❷「図書館の旅」の手法

図書館の旅は贅沢な旅ともいえます。貴重な時間とお金を使って出かけた旅先で、大事な時間をじっと動かずに図書館で本を読もうというわけですから。問題は、旅の行程の一部として無理なく組み込めるかどうかです。そうした観点から、多少のテクニカルな点も含めて述べてみましょう。

### ■図書館を探して選ぶ

私の図書館の旅は、基本的に「市区町村立図書館」を対象にします。「都道府県立図書館」や「大学図書館」になると、調査・研究や市区町村立図書館の支援など、そもそも設立・運営されている目的も違いますし、地元に密着した生活感のあるところとは違ってきます。やはり暮らしの場に近く、地域に根づいた市区町村立の図書館が、地理の旅の対象にふさわしいと考えています。

出かける前にその土地の図書館に目星をつけるには、まず訪問先の自治体のホームページで図書館を調べます。この時にたいがいの市区町村では、図書館の利用案内またはアクセスの欄に、図書館の位置や交通手段などが書いてあります。建物の写真入りの場合には、雰囲気も感じられるのでとても助かります。その情報をもって、旅の訪問先の一つに入れられるかどうかを考えてみます。

最近の図書館の立地はさまざまで、街の中心部の複合施設や商業施設に同居する形がある一方、（旅行者にとっては）かなり不便な郊外に立派な施設を新築しているところもあり、そうした図書館はタクシーやレンタカーでないと行きにくいでしょう。

旅先で図書館にどれくらいの時間が割けるかも大事です。図書館にじっくり滞在したいなら、3時間くらいは見ておく必要がありますが、それができない場合、最低1時間、経験的には2時間くらいが必要です。もちろん旅程に余裕がないときは、行く必要はありませんし行くべきではないでしょう。

また一つの市区町村に複数の公共図書館がある場合、どの館が中央館的な役割を果たしているかを知っておく必要があります。郷土資料室（資料コーナー）などは中央館にある場合が多いのですが、市区町村によっては機能を分担していて、分館的な場所に設置されている場合があります。平成の時期に数多くの自治体が合併して、市区町村の規模に比べて多数の図書館が存在しているところもあり、ホームページで見て選んでおくことは重要です。

## ■図書館を訪ねる

初訪の図書館に着くと、ちょっとドキドキするものです。いずれにしても「利用させていただく」という気持ちを大切にしましょう。

入口のカウンターに係の人がいる場合は、必ず「おはようございます」「こんにちは」など と挨拶しましょう。大きな都市部は別として、特に地方の中小図書館の場合は一つのコミュニティの中に入れてもらうわけですから、挨拶は必須です。さらにもっと小さな図書館（村立図書館や町村の図書室など）で、利用者も非常に少ないようなところでは、入口で「旅行中の者ですが利用させていただいていいですか？」とひと言断りましょう。

館内に入ったら最初はさらっとレイアウト全体を眺めます。一般的にいって、館内の見通しがよい図書館はよい図書館だといわれていますが、それが当たっている場合もあれば、そうでない場合もあります。

全体を把握したら目的の書棚へ行きます。一般的な書籍は自由に閲覧できますが、多くの場合、郷土資料や地域資料、参考文献などは、参考図書室、郷土資料コーナーといった別の場所に置いてあります。大体、一般の書架や閲覧室のあるフロアの奥にあったり、違うフロアにあったりして利用者も少なく、お年寄りがゆっくりページをめくっていく姿が見受けられます。別室の場合は、職員の方に許可を得て入れてもらったり、あるいはお願いして鍵のかかった書棚から本を出してもらわねばならないこともあります。その際は思いつきでなく、何を読みたいのかが明確になっていなければならないので、「通りすがりに」というわけにはいきません。

閲覧の取り扱いは図書館によって実にさまざまです。こんな本まで参考図書室に置く必要があるのか、と思うような普通の本でも収納してある場合や、ちょっと閲覧するだけでも書類に住所氏名まで書き、提出しなければならない図書館もありました。驚いたりわずらわしく思ったりすることもありますが、それもまた楽しい思い出になります。

なお、最近の新しい図書館は、高い天井、工夫された照明、木のぬくもりを感じる机・イスや書架など、大変贅沢なつくりで、中には著名な建築家による建築作品として有名になっているところもあり、すばらしい整備が図られています。このような素敵な場所へ行くと写真を撮りたくなりますが、どのような図書館でも、館内では基本的に撮影禁止ですから、写真の撮影には必ず許可が必要です。ご注意ください。

## ❸「図書館の旅」のモデル

私は数年前に当時のＪＲ三江線（２０１８年3月31日全線廃止された江津・三次《みよし》間１０８km のＪＲ線）沿線の街を訪ねたときに、四つの図書館訪問を組み込んだことがあるのでご紹介しましょう。

10月2日（島根県江津市）
・訪問方法　ＪＲ山陰線で益田駅から江津駅に到着。徒歩で江津本町の街並みを訪ね、甍街《いらか》道と名づけられた旧道に沿って歩き、江津市立図書館へ。
・時　間　15：30に到着、1時間滞在

公民館と同居する図書館。スリッパに履き替えて入館するしくみだ。建物も設備も古いが、なぜかとても温かみを感じる。狭いスペースに蔵書がいっぱいで、次々と手作りの棚を増設されたようだが、職員さん手作りの小旗が飾られていたり、木の枝やぬいぐるみで森の雰囲気を出してあったりと、係の方の想いが伝わってくる。館内を何とか楽しく快適にしようという図書館の方の工夫や情熱で、初めて訪れる者にも身近で不思議な「わが家感」がある。この空間に魅了され、特定の本は読まずに、何冊か拾い読みした程度で終わる。

これまで各地の図書館を訪問したが、個人的には昔ながらの古い鉄筋コンクリートの2、3階建てで、天井の低い図書館が落ち着く。館内には灰色のスチール製の本棚があるようなところだ。そして欲をいえば、春や秋の晴れた日には空調を使わず、窓が開け放たれ、樹木の揺れるのを眺めたり風を感じるような建物がよい。図書館は立派な建物や設備より、やはり常に本が中心、主役であってほしいと感じている。清々しい図書館である。

10月3日午前（島根県浜田市）

・訪問方法　バスで浜田駅に到着、朝9時過ぎに浜田城址（城山公園）へ登り、眺望を楽しんで下りる。再び駅へ戻り、徒歩で浜田市立中央図書館へ。

・時間　10：00到着、45分滞在

中國新聞社・編『中国山地』（中國新聞社）を読む。

中國新聞社によって上下巻がそれぞれ1967年と68年に出版され、当時全国で最も急速に「過疎」の進んでいた中国山地の克明なルポルタージュとして版を重ねた。前から一度手に取ってみたかった書籍であり、それが実現できた。

1965年から2年をかけて新聞社の5人の記者が専従して中国山地112の市町村の生活者を克明に取材した記録。立ち読みだが、記憶に残った一節をメモする。

『『離村』。村の別れは複雑である。村を離れる人は転居の2、3日前になって近所に言う。冬の間だけ出てくるなどと言って、永久に離れるとは言わない。近所の人もわかっていながら素知らぬ顔で送る。別れのあいまいさに離村問題の深刻さと重さを感じた」とある。

図書館の旅で一番楽しみにしているのは、同じジャンルの書棚を追いかけることだ。図書館では日本十進分類法という基準で図書を管理し並べてあるが、地理の旅なので、必ず「290（地理、地誌、紀行など）」を訪ねる。

図書館によって蔵書の幅や方針、傾向、もちろん量も、かなり違うので、290の棚にたくさんの本がある図書館もあれば、あまり多くなく、旅行関係のポピュラーなものだけを中心にそろえている図書館もある。

また、その土地にゆかりのある内容の書籍が多くなるのは当たり前だが、日常利用している自宅近くの図書館では気づかなかった本を遠い旅先で発見したり、書庫に入ってしまって忘れられていたような古い本と出会えることも少なくない。発見する喜びが得られる。

**10月3日午後（島根県美郷町）**

・訪問方法　浜田からJRで三江線直通列車に乗り、粕淵《かすぶち》駅まで来た。この列車はこの粕淵駅止まりのため次の三次行きが来るまで2時間半あるので、美郷町の中心・粕淵を歩く。町の中心は河岸段丘の上。駅から坂を上り、町役場の隣のコミュニティセンターみさと館2階の美郷町立図書館へ。

・時間

14：30到着、1時間半滞在

田畑修一郎『出雲・石見』（ハーベスト出版）を読む。

益田出身の芥川賞候補作家・田畑修一郎が郷里の石見と隣の出雲を1ヵ月旅して綴った透明感のある作品である。

山陰は暗いのでなく、「明るくやわらかい幽《かす》かな暗さだ」という。それは「遠い空を吹く風のようなものだ」と。出雲から石見へは「広く打ち開かれたのびやかな地勢は急にごたごたした山地になるのだ」と表現している。

出雲にも石見にもついてまわるのが歴史の古さである。石見の持つ古さは原住民的な古さであってむき出しであり、古さのままに枯れ、そこに何か頑固な強さがあるという。出雲は古事記以来のものがずっと尾を引いており、それは首都的なにおいを持ち、磨きを加えて変化してきた積み重ねの古さである、と述べる。出雲と石見では言葉と気質がまるで違うらしい。古くから「隣同士の国は近いようで遠いもの」といわれるが、静謐で文学的に表現される言葉だからこそ説得力があるのかもしれない。

美郷町立図書館は数ヵ月前に開館したばかりの新しい図書館で、書棚もまだスカスカだが、閲覧席が丸テーブルで4人掛けなのが何ともいい。窓からは江《ごう》の川に向かって開けた街の家並みと丸みのある小さな山々が望める。田畑のいう山陰の幽かな光を受けた風景だ。図書館は基本的に地元の人しか来ないところだ。地元で生活している人がどんなふうに利用して読書したり勉強したりしているのか、また図書館主催の企画や活動などにも、その場所ならではのユニークなものがあり、見ているだけで楽しい。

10月4日（広島県三次市）

・訪問方法　昨夜は三次に宿泊。朝は残念ながら当地名物の川霧はなかったが、うだつがよく残った街並みの商店街を歩き、徒歩で馬洗川そばの三次市立図書館へ。

・時間　11：00到着、40分滞在。

双山教育研究所へき地部会・編『江の川』を読む。

今回の旅の大きなテーマでもあった江の川。その歴史と伝説、川の利用と暮らし、産業、交通、繁栄と災害、そして過疎など、江の川が見つめてきたすべてを、地元の目で追った一冊。場所によっては平野がなく恵みをもたらさないとして能無し川ともいわれたという一節が頭に残る。

広島県なので、この街に流れる川は瀬戸内海に注ぐかのように思ってしまうが、中国地方最大の河川・江の川は県境を越えて日本海に注ぐのである。

どの地方でも郷土資料コーナーや郷土資料室には、その土地でしか読めない本が山ほどある。特に地方出版社の優れた企画による書籍や自費出版物、タウン誌などは、やはり現地で初めて見るものばかりで、いくら時間があっても足りない。その土地でしか触れられない本との出会いも楽しい。

**図 4 - 6 - 3**
美郷町立図書館

**図 4 - 6 - 1**
江津市立図書館

**図 4 - 6 - 4**
三次市立図書館

**図 4 - 6 - 2**
浜田市立中央図書館

## ❹訪問記を書く

帰ってきたら地理の旅行記をまとめますが（第3章5項）、その際、図書館で仕入れた地域の貴重な情報のメモや気づいたことは忘れずに盛り込みます。特に図書館での読書から地理に関して学んだこと、発見したことはできるだけ記述しておきます。

印象に残る訪問ができたときは「地理の旅・図書館訪問記」を書いています。これを残しておくと、地理の旅の記録を補完する形でエッセイのような読み物としての蓄積ができます。

これまでに地理の旅の中で多くの図書館を訪問しましたが、その中から先進的な現代建築の図書館と、伝統ある古い図書館を訪ねたとき（あくまで図書館建築のことなので図書館の中身の話ではありません）の「地理の旅・図書館訪問記」を1例ずつ載せます。

訪問記
1
現代建築の近代的な図書館

### 「新潟県十日町市情報館（十日町市立図書館）」

新潟県十日町市。人口5万人以上の町では世界一の積雪量を記録したことと、京都西陣に並ぶ高級絹織物の産地として知られている。

古くから「妻有郷《つまりごう》」と呼ばれた新潟・長野県境の十日町のある津南地方は、まさにその名のとおりどんづまり、行き止まりの奥深い山国だった。ここが東京から一気に近くなったのは、平成9年に北越急行（ほくほく線）が開通してからであろう。越後湯沢から六日町を経て、わずか30分ほどでこの雪国の街に到着することができる。

十日町には以前から行ってみたかった。雪祭りのころに大雪を実感してみたかったからである。しかし雪祭りは年に1回。仕事の関係でなかなかチャンスは訪れない。それならば雪のないときにこそ、雪に覆われていない街や家並みを見ることもできるのではないか、とこじつけて5月に訪れた。

十日町駅はJR飯山線とほくほく線が交わっているが、すでに飯山線の存在感は薄い。駅にはわずかに1〜2両のディーゼルカーがのどかに待機しているだけで、その上の高架線を走るほくほく線と比べると、飯山線は新幹線に対する地方ローカル私鉄といった雰囲気である。

信濃川の両岸に発達した河岸段丘の低位面にあたる十日町。魚沼丘陵側から信濃川に向かってなだらかな傾斜が続く。街の中心街は駅の東側にあたるので、駅の東口から市街地へは登り坂になるわけである。

その街の中心部と反対側の駅西口から徒歩10分ほどで「十日町市情報館」に着く。「情報館」

とは、図書館を中心に、広域6市町村の人々の交流と情報の受発信を目指した拠点で、平成11年にオープンしている。

「情報館」に入ってみる。外から見ると、平屋の体育館かと思えるような建物だが、中に入ってカウンターの前をまっすぐ進むと、いきなり書棚がドカーンと何層にも現れる。「眺望」という言葉があてはまるほど圧巻である。本の壁の中を、ちょうど武蔵野台地の「まいまいずの井戸」「掘兼の井戸」のようになだらかに下のフロアへ降りていくようになっているのである。そのそれぞれの高さで書棚がずらっと並び、上から眺めても、下から見上げても、眺めるだけで巨大な書斎の中に自分が立っている、といった感じがする（図4—7）。

まとまった閲覧室はわずかで、それぞれの通路に机と椅子が並べられているのが珍しい。本を取りに行くには便利だが、人がそばを行ったり来たりして、読書するには落ち着かないような気がする。

これだけの人口規模で最先端の図書館を持つというのは、相当ポリシーあってのことであろうが、読書人口も多いのかもしれない。平日の午前という時間であったが、利用者は少なくな

**図4-7**

十日町市情報館（図書館）の内部
@Aturio Cantabrio

かった。

新しく巨大な施設の割には、目当ての地理書は少なく歴史書が多い。郷土資料コーナーに入る。全体として十日町市のものより新潟県を扱った書籍が多いようだ。この町に関するものとしては、やはり雪と産業（織物）をテーマとしたものが多数を占めているが、単著のものは少なく、役所や団体が発行したものが圧倒的に多い。

○十日町市企画人事課『雪国とおかまち』（十日町市）

十日町の雪との戦い、防雪や利雪の現在の姿を写真と解説でわかりやすく伝えている。副題は「人と雪のコミュニケーション」。市の出版物で厚めのパンフレットのようにも思えるが、非常によくまとまっている。

雪国の消雪パイプといえば誰でも知っているが、これには地下水が利用されている。地下水は冬でも水温は10～14℃あり、十分雪を融かすことができるからだ。井戸は150mくらい掘り、ポンプでくみ上げる。井戸1本で300～350mが敷設できるが、地盤沈下への配慮が必要であるとのこと。

最近では「克雪住宅」というものがあり、雨水を地下水浸透桝を通して戻すしくみが紹介されている。暖房の効いた室内で家族がいろりならぬ「雪いろり」を囲み、飲み物を冷やして飲んでいる姿もおもしろい。

○佐野良吉『きもの十日町50年の歩み』(十日町織物工業協同組合)

十日町で織物が始まったのは、1000年以上前といわれるが、小千谷、塩沢を抜いて盛んになったのは、江戸末期に京都西陣から宮本茂十郎が移り住み指導にあたってからといわれる。しかし背景には、自然環境や人々の営みの適性もあったのではないだろうか。本書では、ここが年間平均湿度79%という多湿地帯で、昼夜の温度差が少ないのも絹織物を発達させた一つの要因だと述べる。さらには、冬に屋内の仕事をせざるをえないこと、雪の恵みによって雪さらしの漂白ができたことなどを挙げる。本書は「雪が織物育ての親」と断言しているのである。

○十日町市・編『十日町市のあゆみ』(十日町市)

長らく全国に名を馳せた十日町織物も、和服需要の低下で落ち込みが激しい。和服そのものの消費が減退し、和服の用途がフォーマル指向になって、カジュアルでは低下しているからである。

こうした中で着物関係者もさまざまな工夫や挑戦をしていることを知った。中でも感心したのは、生産から小売まで着物に関するすべての団体が集まって、和服需要を拡大しようとする試みである。その一つとして「全国和服サミット」がこの街で開催された。

一方、着物を和服や日本の伝統として発想するのではなく、ファッションの一つとしてとらえる試みもある。イタリア・コモ市と姉妹都市提携を行ない、市内中心部には「コモ通り」もできている。

5月。図書館の外は春である。桜、桃の明るい色と輝くような木々の新芽が、川から段丘に向かって吹く暖かい風に揺れている。大雪の季節にこの図書館の大きな屋根の下が、かまくら（この地では「ほんやら洞」という）のように、なごやかに人々が集まる場となることを願ってやまない。

訪問記 2

古い趣のある図書館

## 「岐阜県高山市図書館」（当時。その後、建て替えられ、高山市煥章館として移転）

日本の国土の67％は森林山岳に覆われている。日本の大都市はすべて平野にあり、大都会に暮らしていると日本が山国であることを忘れる。

岐阜から北東へ、川筋とともにわずかに開けた平坦地や斜面をたどった先に高山はあった。飛騨高山は山国である。学生時代から日本のあちこちを人並み以上に旅したつもりであるが、なぜか高山に行く機会はなかった。昔ならまずその土地の見所を訪れたものだが、今はその街の図書館を訪れることが楽しみになっている。

市内を南北に流れる宮川の東側に、観光客がひしめく古い街並みの上三之町がある。そこから一本筋を隔てた上二之町に高山市図書館はあった。入り口の門柱や建物のデザインは、古い街並みの景観に合わせて工夫されているが、一歩中へ入ると、そこには観光客の姿はなく、この町で生活している人たちの時が流れている（図4―8）。決して豪華な建物ではないが、1階のロビーには彫刻や絵画がさりげなく飾られ、街全体の持つ文化の厚みを感じる。

2階が受付だ。部屋に入ると右手にカウンターがあり、左側は閲覧室となっている。いつものとおり、まずは館内を一覧。蔵書の全体像を把握する。館内の書棚に山の本、登山の本が多いのはもちろんだが、なぜか就職関係の本が多い。『国家公務

**図4-8**
高山市図書館（当時）の門

員になるには』『資格のとりかた』といった書籍が目につく。ガラス戸の入った書棚には、扉ごとに「結露防止のため締め切り厳禁」とある。冬の様子が想像できる。

閲覧室（本館建物部分）の隣は、蔵のようになっており、その中にも開架式の書棚があって、ぎっしりと本が並んでいる。書架の間は狭く、譲り合って通らないと往き来ができない。1階部分へ降りる急階段には木の手すりがあり、下へ降りて振り返ると階段の下は引出しのついた箪笥《たんす》になっている。まるで図書館の中に土蔵か民芸館があるようだ。そこにも郷土資料などが置かれているが、利用者は少ない。私が本を見ている間は誰も降りてこなかった。

ここは「高山」である。郷土資料は単純な郷土史にとどまらず、高山祭り、古い街並み、北アルプスをはじめとした山々の自然、近世の歴史、円空仏、文芸など、実にさまざまなジャンルに及んでいて、どれを見ても楽しく、ゆっくりと読みたいものばかりである。その中で引き込まれたのが交通運輸に関する資料である。郷土資料コーナーから取り出した本を閲覧机に積み上げてページをめくる。

○飛騨運輸株式会社企画室『飛騨の交通運輸』（飛騨運輸株式会社）

この山国で暮らす人々にとって、物資の輸送は生活の根幹に関わる問題である。この本では地元の運輸会社が郷土史家などの研究も集め、物流の変遷が丁寧にまとめられている。山岳重畳たる国で輸送手段を確保するにはどれほどの苦労があったのか。高山の七代代官長谷川忠崇の表現を借りれば「国中に平地が誠に少なく山が連なり峰が高くそびえ雲霞が常に空に漂い朝日が遅く夕日が早く川は激流で舟は綱を張った小渡舟より他になく断崖は桟道その他交通の難儀なことは至れり尽せりである。（中略）通路は大変狭く騎を並べることのできるところはほとんどない」。まさに至れり尽くせりの難路を先人は長い時間をかけて開発してきた。

本書によれば、高山と周囲との通路はまず川岸と上流に開かれ、高山の街を貫く宮川の流域へ、そして南側の益田川（飛騨川）、北側の高原川（神通川上流）流域へ延び、越中を経由して都とつながった。中世に至って東濃方面と、次いで郡上方面と連絡し、戦国時代から江戸時代に至って今の交通網の原型が完成したという。山国の交通路の発達は民俗学の対象ともなるが、人々がどんな風にこの日本の山々を歩き回っていたかはロマンを抱かせるテーマである。

近代まで飛騨と信州の間は、飛騨から信州へは塩や魚が、信州から飛騨へは干しうどんが、ボッカ（歩荷）を使って運ばれていた。有名な「飛騨ぶり」の言葉はここから生まれているが、このボッカ道は信州方面以外にもさまざまなルートがあり、最後のボッカが消えたのは昭和51年である。

○漆山義雄『運送ひとすじ50年』（飛騨運輸株式会社）

近代の輸送は、道路の整備とともにトラックが担うようになってきた。この本は当地ではよく知られている飛騨運輸の社長によるトラック輸送会社の苦労話である。同社の成り立ちの背景には、先述の飛騨路の輸送を何とかしたいという一念があった。同社の成長過程は、まぎれもなくこの山国の物資輸送の改善とともにある。

○富田礼彦『運材図会』(岐阜日日新聞社)

飛騨の材木はどのようにして都市へ運ばれたのか。大正6年に出版され、本書は再版であるが、江戸から明治にかけての飛騨川下りの絵図による説明である。木材の運搬というと「いかだ」というイメージが強いが、いかだを組むまでの上流での「山出し」「谷出し」という場面では、壮絶ともいうべき丸太との闘いがある。

一例を挙げれば、滝や段差のある急流で、木材をスムーズに流すために、崖の上の左右から綱を張って人をつるし、ブランコのような状態で道具を使って丸太をコントロールするのである。飛騨の木材は命がけの作業であの激流を通過させ、港まで運ばれた。絵を見ているだけで緊張するような解説集である。

○小原喜三郎『南北分水嶺を越えて』(千倉書房)

昭和7年に出版されたこの本は、電力会社の役員であった著者が、自分の足やかごで名古屋から石動《いするぎ》までを巡遊した記録である。昭和に入っても交通機関は不十分で、当時の風物や民俗には興味深いものがある。

郷土資料のキャビネットを背にしていた私の前には、閲覧机が三つほど並び、中学生や老人が静かに本を読んでいる。その向こうには西側のさして高くない山並みをはるかに望める。開け放たれた窓を通して、さわやかな空気と遠くの人声が感じられるのはとても気持ちがいい。昭和の建築の図書館だからこそ味わえる醍醐味かもしれない。

山々の向こうにはまた山があり、そしてその向こうもまた山々である。この高山の繁栄は、遠い道のりを重い荷を負うて来た人々によって築かれてきたものに違いない。

# 第5章

# 地理の仲間を作る

# 1

# 〝地理〟の〝会〟を作ってみた

## ❶ビジネスマンの勉強会をヒントに

誰もがワクワクするのは、休日や長い休みを前にして、どんな風に過ごそうかと考えているときではないでしょうか。私が会社員であったころは、休日、特に長い休みには、奈良県十津川村や群馬県上野村、北海道夕張市、島根県石見銀山など、できるだけふだん行けないところを訪ねたり、長距離歩行をしたり、地理的に関心のある場所の見学ができるツアーなどを探して参加していました。

中年と呼ばれる年代になると、会社では管理職として働かなければならなくなり、一方、家庭ではまだ子どもが小さく、休日は家庭が優先で、自由な地理の旅にも思うように出られなくなっていました。

そのころ巷では、ビジネスマンの勉強会が大変盛んになっていました。会社人間のままでいいのだろうかと感じている人たちが、視野を広げるために異業種・異分野の人たちと交流する自主的な集まりが、あちこちで開催されるようになってきた時代です。こうした勉強会の多くは、ビジネスでの仕事力向上法（文章力やプレゼン力、語学力を向上させる方法など）や世の中の最新トレンド、新規ビジネスの話、起業・創業の経験談などが大半でしたが、私が強い関心を持っていたのは、会社の仕事と趣味や研究を楽しむ「二足のわらじの履き方」というようなテーマでした。

勉強会のパターンは、平日の18：30か19：00から開始され、講師やスピーカーによる講演が1時間半、質疑応答が30分くらいで、場合によっては、その後に懇親会を行なうというものです。私もそのころは二つ三つのこうした勉強会に参加し、仕事をやりくりしてアフターファイブに出席するのを楽しみにしていました。中でも最も熱心に出席していたのが「知的生産の技術研究会」（NPO法人）で、毎回100人近くが出席していた記憶があります。名称からも想像できるように、同名の岩波新書のロングセラーからヒントを得てスタートした会だけあって、知的生産の技術向上を、学者や研究者だけでなく会社員の常識にしようという志を持った刺激的な勉強会でした。

そのような過程から「地理」というテーマで、誰もが自由に話し合ったり意見を交換する会ができないものだろうか、と考えるようになっていきました。前にも述べましたが、地理の好きな人がさらに勉強したい、学びたい、という思いはあっても、学会に入るにはハードルが高く（また入会したとしても、考えていたような内容ではないかもしれません）、自分一人で楽しむしかなかったのです。

そこで、既成の会がないのであれば、自分で作ったらどうか、と思うようになってきました。1996年のことです。そのころ時々会っていた学生時代からの地理好きな友人などにこの話をすると、3人のメンバーが賛同してくれました。

## ❷大人のための地理クラブを

さて何ができるかはわからないけれども、まずは何人かが集まり、誰かに話をしてもらって、それをもとにディスカッションするような場を作ってみようということになりました。

そのころたまたま読んだのが、ファラデーの伝記でした。イギリスの世界的な物理学者・化学者で、電磁誘導や電気分解の法則を発見したマイケル・ファラデーは、その歴史的な偉業を残した一方、難解な科学を一般市民にわかりやすく伝え、科学への理解や啓発に熱心に取り組んだことでも知られています。

彼はロンドンの王立研究所で1826年から金曜夜の定期講演会を開催し、子どもから大人の一般市民、王室関係者にいたるまで、すべての人々に開かれた公開講座を36年間で約100回行なったといわれています。それ以外にもクリスマス講演会を立ち上げ、有名な『ロウソクの科学』の話もここから生まれているのです。こうした講演会は今もなおイギリスで続いており、大げさかもしれませんが、ファラデーの講演会のようなものが地理という切り口でもできないだろうかという夢を描いたのでした。

1996年4月23日、大人の地理クラブは「社会人の地理クラブ 地理の会」という名前で東京・四谷の喫茶店でスタートしました。第1回の会合はわずか数名の参加者で「市民参加による社会資本整備について」という実に堅いテーマの話題でしたが、それ以降これまで25年間で行なった活動は、巡検が50回、講演会は35回、発表会や例会が35回以上に達しています。当時この活動が20年以上も続くとは、想像できませんでした。3年も続けばいい、まずは3年やってみようと話していたのです。

「地理の会」の一つめの特徴は、アマチュアだけの集まりであることです。こうした会は、学校の現役または引退した先生をトップにいただき、指導やアドバイスをしてもらっていることが少なくないのですが、顧問も相談役もいませんので、とにかく会員が自ら勉強して、自分で企画・運営するというやり方で今日まで続いています。まさに部活やサークル活動の大人版のイメージで始めたわけです。

二つめの特徴は、「地理」に関わるすべてを対象とするという点です。地理の会に限らずこうした同好会は、活動の幅を「広く浅くするか、狭く深くするか」という悩みが常についてまわります。地形、地質、環境、気候、歴史、文化、産業、経済、集落、交通、地域……と、学問としての地理学の扱う範囲は実に広範で、それらは私たちの生活と切っても切れないものばかりです。学問の世界では細分化や専門化が進み、全体が見えなくなっているという話を聞きますが、この会では、活動の対象はあらゆる分野とし、すべてを包含することを念頭に置いています。「地理」と何らかのつながりを感じられるものであれば、何でも扱うことにしています。

地理の会のメンバーで発表会をやると、「これも地理なの？」とたまに不思議な顔をされる方もいますが、学会ではないので、好奇心、発見、出会いを大切にして、自由に構えておいたほうが逆に大きな可能性を生むのではないかと考えています。

三つめの特徴は運営面で「会」というものの堅苦しさを極力避けるということです。読者の皆さんも何かの会に所属していたり、あるいは自分で同好会を作りたい、と思うことがあるかもしれませんが、あまりカッチリしたもの（会則や会の役員、組織など）にこだわりすぎると身動きできなくなってしまうように思います。

管理と維持運営ばかりにエネルギーが割かれ、そのために本来の目的である活動に時間を使えなくなってしまう恐れがあります。まじめにやろうとするほど、私も含めて組織で働く人間の悪いくせがどうしても出てしまい、形式にとらわれはじめてしまうのです。何のためにやっていたのかなと思うようなことのないように、たとえば会の肩書を減らす、兼務する、皆で知恵を集めるなど、極力身軽なものにするよう試行錯誤してきました。

## 2 仲間で地理を楽しむ

地理の会の20数年間の活動は、大きく分けると「巡検」（エクスカーション、フィールド・トリップ）と「講演会」、そして会員の「発表会や情報交換会」の三つです。これらを合計すると少なくとも120回に達します。定例日は設けていませんが、ほぼ2ヵ月に1回、平均年5～6回のペースで活動を継続してきました。

地理の会のいいところは、1人ではなく「仲間で地理を楽しむ」というところです。1人ではなかなか行きにくい、行く機会がない場所の訪問など、地理の旅ともいえる「巡検」に、毎回15～25名前後が参加している状況からも、その人気がわかります。メンバーが手作りで企画する私たちの会では、地理学や地質学などで使われる「巡検」をアマチュア団体ならではの工夫で真似をし、検討・運営してきました。24年間を少し振り返ってみたいと思います。

なお、これらはすべて、行事に関わってくださった幹事や、会の中で役割を担当された皆さんのご支援のおかげです。とても感謝しています。

## ❶東京23区シリーズ巡検

地理の会の実質的な第1回巡検は「墨田区」でした。この巡検は墨田区を北から南へ（堀切駅→両国駅）タテに歩いてみようという企画で、「小さな博物館活動」（地場産業の企業が来訪者に事業所や住宅を開放しているもの）を利用し、表具、金庫・鍵、鋳物などさまざまな伝統産業に直接触れながらまち歩きをしようというものでした。今もなお20軒余りの「すみだ小さな博物館」が続いているのはうれしいことですが、街を自分の足で歩いてしっかり見よう・発見しようという、地理の会初の巡検トライアルでもありました（図5―1）。

これをきっかけに「一つの区を丸ごと1日で巡検する」という「東京23区シリーズ」が始まりました。それ以降は次のとおりです。

・第2回　中野区（鷺宮《さぎのみや》から弥生町までを縦断することで、山と谷が次々にあることを実感）
・第3回　葛飾区（新小岩から水元公園まで、水の都・葛飾を満喫）
・第4回　北区（飛鳥山から浮間、岩淵まで、土地の変化とと

**図5－1**
当時の業平橋駅（現在の東京スカイツリー駅）で撮影（現在スカイツリーのある場所には電車のホームもあった）

もに多くの博物館も訪問）

・第5回　大田区（田園調布から蒲田、羽田まで、六郷用水をはじめ歴史的遺産・遺構を知る）

・第6回　千代田区（千代田区在住者や在勤者にも登場してもらい話を聞くユニークな巡検に）

・第7回　中央区（築地市場からスタートし、明石町、月島、佃島などのウォーターフロントのまち歩き）

・第8回　足立区（日暮里舎人《とねり》ライナーの開通記念企画。同線沿線の見どころを発掘するとともに都県境や千住の魅力をセット）

・第9回　目黒区（駒場東大前から大橋・東山、目黒川、碑文谷、洗足と、コンパクトな区ながら魅力を詰め込んだ巡検）（図5―2）

・第10回　練馬区（東京で最後に生まれた区。「都市農業」を一つのキーワードに練馬から光が丘、なかなか行けない北部地区を歩く。農園レストランでの昼食も好評）（図5―3）

**図5-2**
目黒区に残る競馬場通りの名称

**図5-3**
練馬区では23区唯一の牧場も見学（大泉）

・第11回　文京区（関口台、小日向《こひなた》台、小石川台、白山台、本郷台の凹凸を上ったり下ったりしながら、文京の奥や隠れた見どころを探訪、歩きも大いに楽しむ）

・第12回　品川区（高級住宅地から木造密集地域まで、山も海もある地形の中での街と暮らしを探訪。神社の多いことも発見）

いずれにしても、一つの区を1日で巡検するというのはコースのまとめ方が難しいものです。現在は折り返し点、残りは11区あります。

## ❷遠隔地の宿泊巡検

地理の会の活動が継続してくると、首都圏以外での巡検も実施しようという声が出ました。そのころすでに地方在住会員も増えてきており、その方たちの居住地を訪問しながらコース作りや案内をお願いすることにしました。参加に当たっては現地集合、現地解散とし、宿泊や交通は各自が責任を持って行なうことを原則として、自由な旅の要素を取り入れています。

記念すべき第1回が2001年秋の岡崎と岐阜でした。

**図5-4**

初めての宿泊巡検。秋空の根尾谷を歩く

1日目は岡崎市を、2日目は地元・岐阜地理学会の高橋幸仁先生に岐阜市と本巣《もとす》、樽見《たるみ》を詳しく案内していただきました。岡崎の旧東海道と岡崎城、水鳥《みどり》での濃尾地震断層や樽見鉄道、そしてその後廃止になった名鉄線は忘れられません（図5—4）。

第2回は北海道空知《そらち》地方に足を延ばし、北海道遺産をめぐるバスを利用しながら、旧産炭地の三笠、美唄《びばい》、赤平《あかびら》、歌志内《うたしない》などを回りました。炭鉱で繁栄していた街が、今や集落があったことさえ判別できないような姿であることに、地域の変化の速さや重みを感じました。

第3回は琵琶湖東南部地区、滋賀県の草津、近江八幡を訪ねました。近畿大学の辰己勝先生から旧街道、天井川、水郷景観など多様な訪問先を専門的かつわかりやすく解説いただき、充実したものとなりました。翌日にはオプションとして京都巡検を加えた内容でした。

第4回は福井市へ。福井在住会員の研究成果も含めて、福井市の地理やエピソードを説明してもらい北ノ庄や福井城などの歴史絵巻も加えたことで、福井を身近に感じることができました。福井といえば有名なヨーロッパ

**図5-5**
第5回の佐渡では佐渡金山で古図を特別拝観

軒のソースかつ丼も賞味しました。

第5回は佐渡へ。数ある宿泊巡検でも特に記憶に残るものです。離島という巡検先も初めてでしたが、参加予定者同士で事前に勉強会を開いたり、プロジェクトチームを作って念入りに計画を立てました。この巡検では1日目は個人・グループでの自由な巡検、2日目は現地の郷土史研究家による相川巡検と、2日間で3日分以上の収穫を感じるものでした。参加者が交代でレンタカーを運転し移動したのも初めてでした（図5―5）。

第6回は牧之原、大井川、御前崎です。誰もが思い浮かぶお茶、旧東海道、灯台、といったテーマは当然ですが、旧静岡鉄道駿遠《すんえん》線の地元研究者・阿形昭先生による廃線跡ウォーク、そして浜岡原発などは、地理の会でしかできない内容だったと思います（図5―6）。

第7回は糸魚川世界ジオパークです。自然地理オンリーの巡検は初めてであったかもしれません。すばらしい快晴に恵まれ、現地の認定ジオパークガイドに全コースを案内していただき、一度は体感したいフォッサマグナ（糸魚川静岡構造線）の現場、塩の道、ヒスイの谷、そして

**図5-6**
太平洋側唯一の油田（相良油田）跡を訪ねる

海岸など、凄みさえ感じさせる山河の自然の力に、「さすが超一級のジオパーク！」と得心しました。

第8回は奈良でした。意外と訪問する機会のない奈良市街「ならまち」の魅力や穏やかな奈良の風物を堪能し、後半は大阪あいりん地区へ移動して、異質のテーマを組み合わせるという現地在住会員の企画です。従来の巡検のイメージに変化を感じさせるものだったのではないでしょうか。

### ❸プロジェクト型巡検

巡検を企画していると、行先のネタ切れはないのですが、進め方や運営方法にはさまざまな工夫が必要になってきます。コースの作り方、案内の仕方というテクニカルなところも大変重要ですが、行事として盛り上げ参加者を増やしたり、参加者の満足度を上げたりする視点も必要です。

その中で力を入れた取り組みだったといえるのが、プロジェクト型巡検です。これは足立区、町田市、浦安・市川、佐渡で実施しました。

たとえば「町田市巡検」では、10月に1日巡検（鶴川〜旧鎌倉街道〜山崎団地〜原町田など）のフィールドワークを行ない、12月には多摩センターのパルテノン多摩（ミュージアム）

で多摩地区の変遷を学んでコメントを発表し合うといった形をとりました。

「足立区巡検」では、1回目にフィールドワークを実施したのち、2回目では区立郷土博物館を訪問して、学芸員から地域の解説を聞く会合も持ちました。

複数回にわたってある土地に接点を持つことで、多角的な見方ができたり、全体像が見やすくなってくるなど、なかなかおもしろい試みでした。

## ❹ちょっと気になる街の巡検

これまでに出てきた巡検先を見ても明らかなとおり、訪問先はその多くが地理的におもしろそうであり、加えて「ちょっと気になっているのだが、なかなか行く機会がない」「有名な場所ではないが、どんなところだろうか」「すぐにではないが、いずれ一度行ってみたい」というような場所です。

すべての企画がこうした〝気になる街〟として選ばれてきたのですが、記憶に残るところをピックアップします。

### ○小田原市

昔の教科書では〝あらゆる地図記号があるまち〟として取り上げられた場所で、地理の会第

3回目の巡検に選ばれました。以前の学校地図帳では、表紙の次くらいに小田原とその周辺が出ていて、地図記号の読み方や意味が記されていたことを思い出す人もいるでしょう。教科書でも郷土学習の好例地として、小田原が掲載されていました。どの辺がそうした理由になるのかを考えてみた巡検です。

### ○横浜市鶴見区

この回がユニークだったのは鶴見区に絞ったことです。工業地帯のど真ん中の鶴見に漁村の名残があったり、魚河岸鮮魚店が連なっていること、沖縄タウンが残っていることなど、新発見ばかりの巡検でした。

### ○川口市、旧鳩ケ谷市

マンションの林立する川口を「鋳物産業の街の今」としてとらえるのはありがちなテーマですが、地下鉄の開通で一気に都心と結ばれた小さな市・鳩ケ谷を組み合わせて考えてみたのが一つのポイントでした。今は合併して川口市

**図5-7**
一歩店内に入るとそこはブラジル。群馬県大泉町のスーパー

になりました。

○群馬県大泉町

日系ブラジル人を中心に、外国人住民比率が19％の町での多文化共生の現状を学び、最後は利根川を渡船でわたって埼玉県で解散という、意外性もある巡検でした（図5―7）。

○千葉県佐倉市

佐倉市街で武家屋敷や城跡の城下町歩きのあとは、高齢化を防いだ奇跡のニュータウン「ユーカリが丘」を訪ねる、見ごたえのあった巡検。

今回紹介しきれなかった巡検も多数あるので一覧表で示しました（図5―8、5―9）。

私は、巡検は教えてもらったり知識を増やす場ではなく、きっかけ作りの場だと考えています。そこで実感したことから、新しい関心事が生まれたり、世界がまた広がるかもしれません。アマチュアだからできる、自由に楽しむ知的探検の入口となるのではないでしょうか。

| 回 | テーマ |
|---|---|
| 1 | 「地図と測量の科学館」見学と筑波山 |
| 2 | **東京23区シリーズ第1回（墨田区）**<br>「墨田区縦断」（小さな博物館活動と地場産業の街を訪ねる） |
| 3 | 「小田原（市内と旧道）―あらゆる地図記号のある街、近世城下町、宿場町の遺構が今なお辿れる街」 |
| 4 | 「多摩ニュータウン」（東京都多摩市） |
| 5 | **東京23区シリーズ第2回（中野区）**<br>「中野区縦断」 |
| 6 | 「利根川の旧流路と河畔砂丘を訪ねる」（埼玉県久喜市、加須市、羽生市） |
| 7 | 「川越舟運・新河岸川を訪ねる」 |
| 8 | 「小田原PARTⅡ（市街とその周辺）」（第３回の続編） |
| 9 | 「多摩川右岸・二ヶ領用水」（向ヶ丘遊園→溝の口）（川崎市多摩区・高津区） |
| 10 | **東京23区シリーズ第３回（葛飾区）**<br>「葛飾に『水の都』をみる」 |
| 11 | 「岡崎と岐阜を訪ねて」（愛知県岡崎市、岐阜県岐阜市～本巣市） |
| 12 | 「横浜市鶴見区を歩く」 |
| 13 | 「多摩巡検～羽村と国分寺探訪」（東京都羽村市・国分寺市） |
| 14 | 「野田の醤油産業の歴史と水運」 |
| 15 | **東京23区シリーズ第４回（北区）**<br>「王子・飛鳥山を中心に東京城北部の地誌を訪ねて」 |
| 16 | 「北海道空知に石炭近代化遺産を訪ねる」（北海道札幌市・空知地方各市） |
| 17 | 「荒川中流域における川と人とのかかわりを訪ねて」（埼玉県寄居町） |
| 18 | **東京23区シリーズ第５回（大田区）**<br>「東京城南の大規模自治体・大田区巡検―山側（住宅・商業地）から海側（商業・工業地）へ歩く」 |

**図５-８**

地理の会のこれまでの巡検先一覧

| 回 | テーマ |
| --- | --- |
| 19 | 「湖東中南部を探る」<br>「観光でない！京都観光」（滋賀県草津市・近江八幡市）（京都市） |
| 20 | 「キューポラのある街から産業文化都市へ急変貌を遂げる「川口市」の今と、鉄道のなかった東京隣接の街「鳩ケ谷市」の地下鉄開通後の変化を見る」 |
| 21 | **東京23区シリーズ第6回（千代田区）**<br>「東京都心再発見」 |
| 22 | 「関東南西部の大住宅都市・相模原。軍都計画や住宅化の歴史探訪と相模川沿いの水郷や河岸段丘の実感」（神奈川県相模原市） |
| 23 | **東京23区シリーズ第7回（中央区）**<br>「変貌著しい都心の水辺空間」 |
| 24 | 「横須賀・浦賀地区に史跡・街並みの現況を訪ねる」 |
| 25 | 「福井市の再開発と歴史空間を訪ねて」 |
| 26 | **東京23区シリーズ第8回（足立区）**<br>「足立区の新旧の地域変化を歩く」「足立区の郷土史と風土記編纂―川と土地の開発の歴史」 |
| 27 | 「成長を続ける都市の軌跡と今を見る～“あなどれません。町田”」（東京都町田市・多摩市） |
| 28 | 「水辺の町　浦安の昔と今を訪ねて」 |
| 29 | 「市川市の自然景観と歴史文化」 |
| 30 | 「佐渡の魅力を探る」 |
| 31 | 「地理ツアーの老舗「秦野盆地」の今と昔を楽しむ―扇状地、湧水、たばこ産地の今昔」 |
| 32 | **東京23区シリーズ第9回（目黒区）**<br>「土地利用の変遷と目黒川―目黒区を南北に縦断する」 |
| 33 | 「織物の町、足利にその歴史と近代産業遺産を訪ねて」 |
| 34 | 「牧ノ原台地と大井川、そして御前崎へ―自然・産業・歴史」（静岡県掛川市・島田市・牧之原市・御前崎市） |

| 回 | テーマ |
| --- | --- |
| 35 | 「都留市、織物の街からアクアバレーをめざす郡内地方の旧城下を歩く」 |
| 36 | **東京23区シリーズ第10回（練馬区）**<br>「東京で最後に生まれた区、練馬の都市化をたどる」 |
| 37 | 「多文化共生の町、群馬県大泉町を訪れる」 |
| 38 | 「糸魚川世界ジオパークを訪れる」（新潟県糸魚川市） |
| 39 | 「神泉から代官山を歩く」（東京都渋谷区） |
| 40 | 「桑都（そうと）八王子の歴史と今日」 |
| 41 | 「つくば市の新旧変化とジオパーク構想を旅する」 |
| 42 | 「秋の奈良界隈を歩く」（奈良市、大阪市） |
| 43 | 「玉川上水を読み解く」（東京都東大和市、小金井市、三鷹市） |
| 44 | 「地形と城下町の成り立ち」「衰退しないニュータウン」（千葉県佐倉市） |
| 45 | **東京23区シリーズ第11回（文京区）**<br>「知られざる文京区の魅力—地形（台地と川）凸凹地形、特徴的な産業」 |
| 46 | 「地方都市の魅力と現状」（茨城県水戸市） |
| 47 | 「交通の要衝、その盛衰と未来」（神奈川県松田町、山北町） |
| 48 | **東京23区シリーズ第12回（港区）**<br>「港区のランドマーク、都心の再開発の歴史と現況、武蔵野台地下末吉面の地形」 |
| 49 | 「地震が作った城ヶ島周辺の海岸段丘と地震の化石」<br>「三浦氏滅亡の舞台、新井城と土木遺産・油壺験潮場」（神奈川県三浦市） |
| 50 | **東京23区シリーズ第13回　（品川区）**<br>「武蔵野台地・低地・埋立地と、いろいろな地形と歴史を秘めた品川区」 |

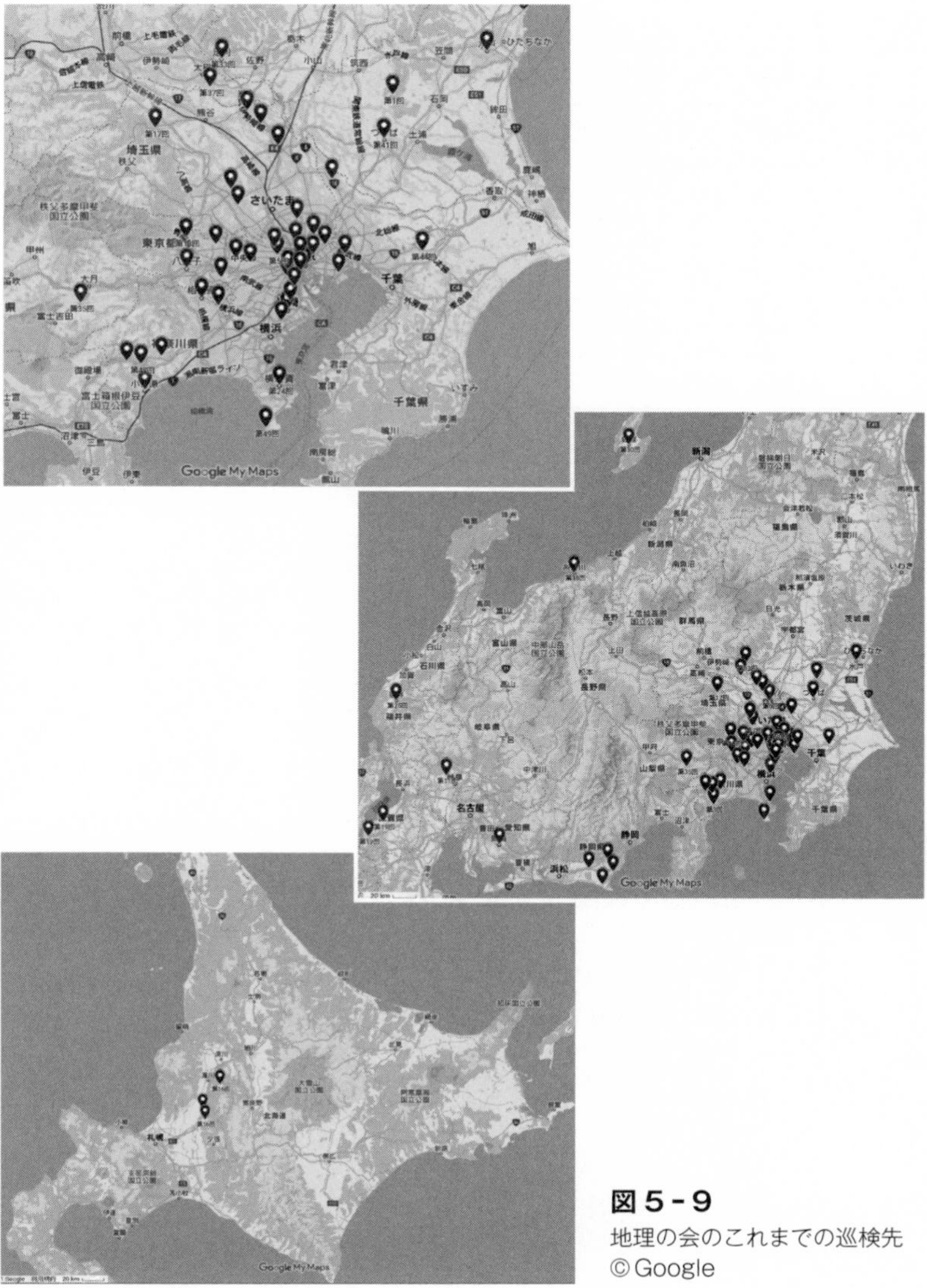


**図5-9**
地理の会のこれまでの巡検先
© Google

## ❺講演会（地理に関する話題を専門家から聞く機会）

講演会は会員の希望やニーズを参考にして開催してきました。講師を知っていたりツテがあればいいのですが、そうでない場合のほうが多いので、講師へは直接交渉します。そのため地理の会とは何か、どのような人が聴き手（出席者）でどんな話が求められているかを講師にわかりやすく伝えるための勉強もしました。講演会を始めて数年経つと、出席者の数も順調に増加し、それを実績としてアピールできるので、講師候補の方への説明にも説得力が増して、依頼が楽になってきたのを思い出します。苦しくても初期の積み重ねはとても大事です。

そして直接メールや電話、手紙などで、出講をお願いしてきましたが、ほとんどの方が快く受けていただけたことはありがたく、印象に残っています。

講演会は平均すると、年に2回弱の開催になりますが、地理関係の出版社の方、地図会社の方、大学や高校の先生方、研究者の方などにお願いしてきました。アンコールの希望が強く、2回出講していただいた講師も4人います。最近は地理に関係する分野でおなじみの方や活躍中の方にも来ていただくことができ、多く

**図5-10**
帝国書院さんに来ていただき地図帳の話を聞く

の参加者で魅力的な話を楽しんでいます（図5―10）。
いくつかテーマを挙げると、以下のようになります（五十音順）。

**○今尾恵介さん（地図研究家、エッセイスト）**

「地図でたどる東京の発達史」……大正の鉄道路線図から各時代の地図を見ながら、各鉄道の路線延長と沿線開発史、そして東京圏の経済・社会、文化の歴史をたどるお話。

**○杉江弘さん（元日本航空機長、航空評論家）**

「日本の空とＬＣＣの安全」……高度にハイテク化されたコックピットの現実とパイロットの安全に対する高いプロ意識など。プラスして、講師による世界の珍しい地理風景写真の披露もあり堪能。

**○鈴木純子さん（地図絵葉書研究者、元国立国会図書館特別資料課長）**

「絵葉書の地図――小さな窓からみえるもの」……安価で省スペースのコレクションである絵葉書。地図のある絵葉書からは民族や文化、時代背景など、その小さな窓から多様で膨大な情報が読み取れるという気づきを得るお話。

○藤岡換太郎さん（理学博士、地球科学研究者）

「地球学入門——地球の成り立ち、歴史、地球を動かす原理」……地球はいつどうしてできたのか、地球が他の星と違う特徴は何か、今わかっている地球の原理とは、など46億年の地球史を大きな事件史という形で楽しみながらまとめていただいた、地理の会初の地球学講義。

○藻谷浩介さん（株式会社日本総合研究所首席研究員）

「世界まちかど地政学」……毎日新聞社刊行の同書で訪問済みの105ヵ所から地理の会メンバーがリクエストした希望地をピックアップして2ウェイでやりとりするユニークな講演会。

中には、「講師に来てみたら地理の会がおもしろそうなのでメンバーとして登録したい」と講師が申し込まれるようなうれしい出来事もありました。

通算30回以上の講演会ができたのは、会という組織があったことが大きいと思います。個人では会えないような人に来ていただき、講演会の会場が満員になって講師や出席者に喜んでもらえたときは、幹事一同、苦労して会をやってきてよかったと思える瞬間です。

# 3 場作りと交流

会のことを雑誌などの媒体に発信することで、少しずつ関心のある人が集まってきました。また、記事を掲載した出版社の方が、地理の会に関心があるという人がいるよ、と気軽に紹介してくださったりすることもあって、ありがたいサポートになりました。

しかし連絡先がわかる方はいいのですが、手がかりが勤務先名や電話番号だけという方も多く、まだメールが一般化していなかった初期のころは、おそるおそる教えてもらった勤務先に電話したのも懐かしい思い出です。それでもそうして入ってもらった方がまたその友人を紹介するなど、じわじわとメンバーも増えてきました。

参加者はどんなことを期待して集まってくるのでしょうか?

先ほども述べたとおり、私が会を始めたときは、「社会人の地理クラブ」「大人の地理クラブ」として、地理をテーマにした勉強会・セミナー・サロンを定例化したいという夢を抱いていたのですが、実際に始めてみると、勉強スタイルよりも、巡検のようなフィールドに出る行事のほうが圧倒的に人気があることがわかってきました。事実、巡検への参加者は徐々に増えて、参加者を募集すると短期間に締め切りになってしまうといったことも起きてきました。いわゆる「まち歩き」として、歩いて学ぶ楽しさへの希望が強いことがわかりました。

また実際に会合を重ねてくると、メンバーがそれぞれの経歴によって培われた経験や知識を交換できるという、社会人の会ならではの醍醐味も感じられるようになってきました。まち歩きをしていても、参加者の職業や経歴・専門分野によって着眼点や感想・意見もさまざまで、参加者から学ぶことも少なくないのです。

さらにメンバー間の交流に期待が大きいこともわかってきました。これは当初全く予想していなかった反応でした。地理の会を通じて知り合った者同士が、情報交換だけでなく、中には数名で旅行に行ったり、メールを使って情報提供を呼び掛けるようなことも試みられていました。

地理が好きだからといって、「巡検やまち歩きに参加するだけで終了」ではないのかもしれません。価値観は人それぞれですが、基本的に会社や仕事を離れて、違う世界の時間を過ごすという楽しさも期待されているということではないでしょうか。これからもいろいろな形で「場作り」の魅力を提案してみたいと思っています。

さて、どのような会でも20年もやっていると、マンネリ化、常連化、前例重視の官僚化、高齢化などが見られるようになります。また、幹事になるのは勘弁してほしい、会員にならずにビジターで参加したいなど、運営の担い手不足も常態化してきました。私もいろいろと他の任意団体の状況を勉強してみましたが、どこも同じ悩みをかかえています。そこで２０１６年から会員制、年会費制を廃止し、誰でも費用負担なしで自由に出入りでき、自由に企画・運営ができるしくみに変更しました。今は各行事に参加する都度、必要な参加費を払うというゆるやかなつながりにしています。

現在、地理の会のメンバーは１００名近くになっています。地理の会の特徴である「多様な社会人がともに学び合い交流する」という場作りの精神をこれからも大事にしていきたいと思っています。

# 4 自分たちでまち歩きをするには

## ❶地理のまち歩きを企画する

地理の会での人気行事が巡検（まち歩き）であることをご紹介しましたが、いざ主催する側、運営する側になってみると、人を集めてコースを歩き、見学や説明をするのはなかなか大変なことだとわかります。

普通にぶらぶら街を歩くだけならば誰がやってもできるかもしれませんが、そこに学んだり考えたりする要素を入れていく必要があります。初めのころは、とにかく地理学で行なわれているような巡検を、みようみまねで進めていきました。地理学の専門家のいない私たちの会では、その地域に住んでいたり勤務していたり、また関心のある人を中心に、地理の目で街や地域を観られる人に手を挙げてもらいます。そして案内役として勉強をしてもらいながらお願いしてきました。

こうした試行錯誤の25年間で、巡検やまち歩きの手順も整理していくことができたように思います。

これらのイベントは、参加する一人ひとりに気づきを得てもらう場です。地形や土地利用、人口や生活、産業や交通、災害、歴史的蓄積など、見聞したことはどのように相互に関係しているのか、どんな変遷や変化があったのか・あるのかなど、自分で興味を持ったことを深掘りして、さらにおもしろさを追求してもらいたいと思っています。

大人は子どもや学生と違って世の中での経験が豊富ですから、こうした気づきが得られやすく飲み込みも早いのです。また社会人生活のおかげで、一つのテーマを効率的に学ぶコツもよく知っています。大人は学ぶ楽しみ方がうまいはずだと考えています。

したがって巡検やまち歩きは、「よい気づきの場」にすることが目標といえます。

## ❷まち歩き準備の手引き──開催前日までのチェックリスト

そこで、地理の会の経験から作り上げたまち歩き開催のための準備チェックリスト（マニュアルのようなもの）を紹介します。

読者の皆さんが、自分たちでも地域のまち歩きをやってみようというときには使える部分が少なくないと思います（1回15～20名程度のグループを想定しています）。

## A・ラフプランニング【実施の半年から3ヵ月前】

どんなところを歩くか、どこを訪れるかは、かなり早くから構想を練ります。

地理の会では、毎年会員から希望行き先アンケートを取っていた時期もありましたが、希望が多岐にわたっていたためまとめるのが難しく、最終的には現地の人脈の有無やそれまでの開催地とのバランス、幹事担当者の意見などを総合的に判断し、選んでいました。この初期の準備期間に3ヵ月以上は見ておく必要があります。

### ○行き先を決める

行きたいところがはっきりしていれば問題ないのですが、そうでなければ、まずどこへ行くかを決めます。その場合、皆で集まって行き先や見学内容の企画を練ります。大まかに広いエリアや中心となる都市などから徐々に絞り込みます。

### ○テーマを持つ

その際、開催のテーマを決めていきます。参加予定者の関心事なども加味して、何のために訪問するのか、言い換えると、まち歩きの目的、目玉といったものを考えます。これまでの巡検から2、3の事例を挙げてみます。

「つくば市巡検」のテーマ例（図5―11）
・研究学園都市50年の変遷と今を知る
・筑波山地域ジオパーク構想の関係施設とジオサイトを見る
「文京区巡検」のテーマ例
・台地と川、坂と谷の多い区の地形を体験する
・文京区の特色ある産業に触れる――印刷、製本、医療、学校、旅館の今
「港区巡検」のテーマ例
・港区のランドマーク――江戸時代からの歴史を感じられるスポットをめぐる
・都心の再開発の歴史と現況――再開発される地域の条件・再開発が地域に与える影響を読み解く
・武蔵野台地末端の地形

**図5-11**
何かのメモリアルイヤーも巡検テーマを考える一つのチャンス。2013年はつくば万博30周年

## ○キーワードや訪問場所を挙げる

次に「キーワード出し」です。出かける先のカギになる言葉や地名をどんどん出してみます（キーワード例についてはP．119参照）。

たとえば最近実施した品川区の巡検では、次のような言葉が出てきます。「台地・低地・埋立地」「高級住宅地・御殿山」「東海道品川宿」「品川神社」「富士塚」「戸越公園」「台場」「再開発（大崎、天王洲アイルなど）」「商店街」「木造密集地域」「品鶴線、湘南新宿ライン」「スリバチ地形」など。

出し尽くしたら、それがコースとして成り立つか、関係者で集まり、時間配分も考慮しながら地図上でさまざまなルート図を描いてみます。

その作業が完了し、訪問場所として確定したキーワードについてはより詳しい情報収集を開始します。

### ○散策してみる

おおよそのイメージができたら、対象地域が近隣であれば、正式な下見の前に個人的にそのエリアを散策しておくとよいでしょう。

### B．1回目の下見と概要の確定【実施の3～2ヵ月前】

この時期には参加者募集のための概要を確定しておく必要があります。そのため最初の下見は早めに設定し、それを踏まえて概要を決めていくのがよいでしょう。

## ◯1回目の下見を行なう

①集合地点をチェックします。最寄り駅などからわかりやすい場所か？　駅前の場合ならどの出入り口か、邪魔にならずに集まれるフリースペースがあるか？　などの視点で探します（図5―12・13）。

②コース途中のトイレやベンチの設置状況を確認します。

③コースの中で見学や撮影に了解が必要なところは事前に了解を得ます。

④説明をお願いしなければならないところ（自前で説明できず、訪問先に説明してもらうときや、ボランティアガイドなどの派遣申し込み）に依頼します。

⑤昼食場所を設定します（弁当ならば休憩できる場所の確認、外食ならば食堂などの確保→原則予約できるところが望ましい）。また小規模な店などで食事の提供に時間がかかりそうな場合は、全員同じメニューでお願いし、参加者にもあらかじめ連絡しておきます。食事できる地

**図5-13**

**図5-12**

集合場所は重要なポイント。わかりやすさと十分なスペース、環境をチェック

点がどこかはコース自体に大きく影響するので大変重要です。

### ○概要を決める

①巡検やまち歩きとして公表できる「概要」を確定します。大事なのは参加者を募集したときに、初めての人でもわかってもらえるような内容になっているか、行ってみたいと感じられるものになっているかです。具体的には次のようなものになるでしょう。

・行き先
・今回のテーマ
・どんなことを中心とするのか、魅力ある見学場所など
・コース案（集合時間から解散時間まで）
・昼食について
・参加費
・雨天・荒天の場合の実施可否確認方法
・問い合わせ先、緊急連絡先

②実施期日、予備日、募集人員（定員）、募集方法などの必須事項を決めます。

### C．参加者募集【案内実施の2ヵ月～1．5ヵ月前】

いよいよ参加者募集の案内の発信です。先ほどの概要を案内レベルで具体的に作り直して対象者に知らせます。またホームページなどで公表している場合には掲載します。そこで示す必要項目としては以下のようなものがあります。

a．開催日時、集合時間・場所、当日の概要
b．申し込み方法、問い合わせ先（事務局）
c．申し込み開始日・締め切り日、満員の場合の扱い
d．雨天の場合の扱いや予備日
e．昼食、持ち物
f．交通機関（マイカー使用がある場合は駐車場の説明）
g．参加費
h．その他（保険など。歩く企画などは日帰りのレジャー保険が活用可能。コンビニでも扱っているので、事前に必要事項や保険料などを調べておく）

事前申し込みの受付が始まると、漏れのないよう正確に受付をしなければなりません。また申し込みの受付窓口は経験上、複数より一つ（1人）に絞ったほうが行き違いやミスがなくてよいと思います。

### D．2回目の下見（必要に応じて3回目も）【実施の1ヵ月前】

2回目の下見では、基本的に当日をシミュレーションする形で、参加者の流れや案内・説明の内容を決めていきます。時間管理（所要時間）を確認するのも重要です。そのときの完成度が低かったり問題点が多く出てきたときは、3回目（必要があれば4回目も）の下見や打ち合わせをしっかりしておく必要があります。

①コースを歩いた結果の現実的な移動時間と説明時間のシミュレーション（参加人数が多くなると必ず移動時間が長くなることに注意）

②訪問先などへの事前挨拶

③解説ポイントで話す場所や写真撮影場所などの確定（図5―14）

④コース上の工事の有無、迂回や訪問順序変更要素の調査

⑤秋から冬にかけては日没が早くなる（1ヵ月先では真っ暗になっていることもある）ので注意

**図5-14**

説明地点では安全な場所かどうかを見ておくことも大事

## E．配布資料の入手や作成【実施の1ヵ月～1週間前】

実務的に大事な準備です。当日の関係各所への念押しや資料の作成、配布準備など、手を抜かずに行ないます。

① 当日配布パンフレットの入手（役所、案内所など）
② 当日配布資料の作成（最低限当日の行程やポイントを記したレジュメ1枚。その他、必要に応じて旧版地形図、説明資料など。自分の説明メモ）
③ 昼食が飲食店利用の場合は、席・料理などを予約
④ 雨天や荒天の際の連絡体制や緊急体制の確認
⑤ 募集締め切り後、参加者名簿を作成

## F．最終確認【実施の1週間前～前日】

当日の欠席や遅刻は必ずあると思っておくのが正解です。突然の変更の影響が最小限で済むように体制を整えておきましょう。

① 参加申込者へ（最終確認）リマインダーメール、集合場所、連絡先、留意点などの周知

**図5-15**
作業中の現場を見せてもらう時は、訪問先の仕事の都合に必ず合わせ、迷惑をかけないようにする

②キャンセル者への対応
③当日用参加者名簿の作成（出欠・参加費チェックなど。事務局用には参加者の携帯番号入りを）
④当日の持ち物の用意（配布物や説明資料、拡声器、救急セット、旗など）
⑤昼食の場所を予約してある場合は店への最終確認
⑥雨天や荒天の際の連絡体制や緊急体制の確認（再度）
また当日の集合場所では、受付や資料配布などで非常にあわただしくなります。短時間で済ませなければなりませんから事務局の協力者を確保しておき、十分な人数で対応することが求められます。

巡検やまち歩きを企画したり、運営することは大変な労力が必要ですが、入念に準備してあれば必ずうまくいきます。メンバーが満足し、参加者からよい1日だったと感謝されたり新しい仲間が増えたりするのは何ものにも代えがたいものとなるでしょう。

**図5-16**
ハンズフリーの拡声器は一つあると便利。前日には電池切れをチェックし予備電池も持参する

| | A | B | B | C | D | E |
|---|---|---|---|---|---|---|
| | ラフプランニング | 1回目の下見 | 概要の確定 | 参加者募集 | 2回目（3回目）の下見 | 配布資料の入手や作成 |
| 6ヵ月前 | | | | | | |
| 5ヵ月前 | ①行き先を決める<br>②テーマを持つ<br>③キーワード出し↓訪問場所候補<br>④イメージに基づき散策など | | | | | |
| 4ヵ月前 | | | | | | |
| 3ヵ月前 | | ①集合場所<br>②トイレ、ベンチその他<br>③昼食場所<br>④見学場所や説明者の申し込みなど | ①企画の概要確定（行き先、テーマ、コース、昼食、費用など）<br>②開催日時、予備日、定員、募集方法など | | | |
| 2ヵ月前 | | | | 募集案内の発信（参加者募集） | | |
| 1ヵ月前 | | | | | ①コースを歩いてのシミュレーション<br>②説明場所や休憩場所などの確認<br>③コース上の安全確認<br>④（必要に応じて）訪問先への挨拶 | ①配布用資料・パンフレットなどの入手<br>②配布用資料の作成<br>③参加者名簿の作成<br>④昼食場所の確保（必要に応じて予約）<br>⑤雨天・荒天時や緊急時の連絡体制確認など |
| 1週間前 | | | | | | |
| 前日 | | | | | | |
| 当日 | | | | | | |

**図5-17** 準備スケジュールの一覧表

| | | | | |
|---|---|---|---|---|
| F | 最終確認 | | ①参加者へのリマインダーメール、新たな変更点などの連絡<br>②キャンセル者への対応<br>③持参物の最終チェック（配布資料、名簿、旗、拡声器、救急セットなど）<br>④（昼食や懇親会予約の場合は）店への予約人数・時間確認など<br>⑤雨天・荒天時や緊急時の最終確認 | |

## ❸「説明なし」の自由なまち歩きの話

これまで述べたのは計画的で準備されたまち歩きですが、たまには全く自由に歩きながら、偶然出会ったものを大切にするまち歩きもよいと思います。

最近私が注目しているのは、参加者の自由な感性と行動で「まちを読み解く」ことを目標に歩き観察する、いわば〝説明しないまち歩き〟です。大阪ガス・都市魅力研究室の山納洋氏が主宰している「Walkin' About」と名づけられたこのイベントは、すでに２０１４年から65回開催されています。門真、吹田、堺、竹田、尼崎、東大阪、千里、神戸、柏原、藤井寺、桂など、主に近畿地方の街を訪ねています。

参加募集案内を見てみましょう。「Walkin' About は、参加者の方々に思い思いにコースをたどっていただき、見聞や体験を発表共有する〝まち観察〟企画です。地域課題を再発見し、地域のありたい姿をデザインすること、また地域の魅力創出、コンテンツ創作を目的としています」。

私もこのまち歩きに何回か参加しましたが、駅前など集合場所での説明は数分で、そのあとは各自好き勝手に街を歩き、約90分後に再び集合して参加者全員でその街へのコメントを述べ合うというのが全体の流れで、ほぼ半日のコースになっています。

原則90分のまち歩きは、商店街を歩く人、量販店の客層を見る人、街にあるモニュメントを調べる人、寺社の由来をたどる人、地元の名物菓子を食べてみる人、鉄道路線の変遷をたどる人、工場の立地条件を見に行く人、水路をたどる人、ただ青信号に従って進んだ人など、あくまで自主的に時間を過ごしますが、自分の目による観察が必要です。

再集合でのミーティングでは、1人5分程度の持ち時間で、自分がどこを歩いたかなど、関心を持った見聞や体験をシェアするわけですが、そこでは、私なら到底気がつかず関心を持たなかったようなことが少なくなく、驚きと発見があります。この企画の大きなポイントは、この発見や疑問をシェアする場の存在だと思っています。

発案者であり運営者である山納さんによると、1人で街を歩くよりも、またガイドされてみんなで歩くよりも楽しくかつ発見が多いというのが、この企画のポイントだといいます。そして「各自が自由に街を観察することによってまち歩き自体が自ら問いを発してくれます。そこではまち歩き自体が参加者にとってアクティブラーニングになるとともに、その積み重ねによって「まち読み」のリテラシーを共有することもできます」とも語っています。関心のある方には、山納洋『歩いて読み解く地域デザイン―普通のまちの見方・活かし方』（学芸出版社）をおすすめします。

Walkin' About は、どちらかといえば都市のカルチャーや生活文化、建築や都市計画の要素が強いと感じますが、そこに地理好きの味つけをしたものを、私も6人くらいの仲間と東京で試みています。

時々はこうした予備知識なしでやってみるまち歩き、白紙から街を描いていくようなまち歩きも、刺激的で夢を感じられるものではないでしょうか。

# 第6章

# 人生を豊かにする地理生活

# 1 長期プランを持つ

日ごろの会話の中で「余暇は地理を楽しんでいます」というと、「どんなこと？」と聞き返されます。地理という言葉が具体的に何をすることなのか、なかなかイメージをつかみにくいからです。旅やまち歩き、といってしまえば簡単なのですが、やはり単なる観光やぶらり旅でない、こだわりの言葉を選びたい。これをなかなかひと言では表せないのですが、これまで見てきたとおり、地理を楽しむ活動は幅広く、これほど多彩で豊かな趣味は他にないのではないかと思っています。

地理好きの皆さんの大半は、それらを仕事（本業）でなくプライベートな時間で楽しんでいるのだろうと思います。また仕事ではないからこそ、年齢・経験に関係なく自由に続けられることですし、これから先もまだまだいろいろなことができるはずです。

そこで最後の章は、社会人の趣味として長いスパンでとらえた〝地理生活〟（＝地理を楽しむ生活）を考えてみます。

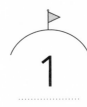

いろいろな地理の楽しみ方に触れてきましたが、その中核をひと言でいえば「旅」といえるでしょう。ここでいう「旅」は宿泊ばかりではありません。日帰りであっても自宅近くの探検散歩であっても、「旅＝フィールドへ出る」ということでとらえられます。地理の好きな人にとって野外は宝箱であり、どんなものでも関心の対象になるはずです。

会社員も公務員も自営業も、どのような仕事も長くなってくると要領や勘所がわかってくるように、人は年齢とともに余暇の過ごし方も保守的になってくるように思われます。ある年代までは海外旅行や国内旅行、まち歩きなど、休日には盛んに歩き回っていた人も、少しずつ平日の疲労を癒すためにのんびり休養となったり、仕事関連のつきあいやゴルフといったものに費やすようになりがちで、純粋に自分自身だけの楽しみといえる「旅」の機会が本当に少なくなってしまいます。果ては、いったい本来の自分の趣味は何だったのかもわからなくなる、〝結果無趣味〟という社会人は少なくないのです。

少し寂しい話になりました。趣味でもスポーツでも習い事でも「継続」が重要です。

私も長い会社員生活の間は、なかなか思うようにならなかったこともありましたが、地理好きであれば、休日はフィールドへ出て呼吸するべきです。

そのためには明日から始めることです。定期的でなくても、時たまでも「継続すること」です。「細く長く」は、楽しみを本物にするために大事なことです。

「時間ができたら」「定年になったら」と考えていると、99％実現しないと思って間違いありません。

そこで一つのカギになるのは、休日や休暇の計画を比較的長い視野で立てるということです。社会人として、地理を楽しむ自分だけの長期計画やプロジェクトを構想してみましょう。

まず図6―1・6―2のような白地図を用意しておきます。「行ったところマップ」は、これまでに訪問した都道府県や主要都市を塗りつぶしてみたり、訪問地をプロットする地図です。居住地から遠いところは白地が多くなりがちですが、近くでも出かけていないところがあったり、自分の関心や

行ったところ白地図
白地図に行ったところを塗りつぶしておく。
通過しただけは×。
面的に見聞したところだけ（歩く、滞在する）が対象。
山岳部分や島嶼部分が表現しにくいが参考にはなる。
「CraftMAP」白地図を利用

**図6－1 「行ったところマップ」**
行ったところ、滞在したところを白地図に塗っていく

好みの特徴が出ていたりします。白地の中にはどんなところがあるのか調べてみます。

もう一つは、日常の情報収集から、見たり聞いたりしたこと（記事、読書、口コミなど）で、関心を持ったところ、気になったところを白地図にメモしておく「ためておくマップ」です。

これらは作っていても眺めていても楽しいので、二つの白地図を並べて（ダブらせて）プランを考える検討材料とします。

具体的な長期計画は、図6―3のようなものを作ってプランニングしてはどうでしょうか。特に当面3年間くらいの計画が大事です。何も考えていないと2、3年はすぐに経ちます。しかし前もって何か考えておくと、ふっと思わぬチャンスが訪れたりすることがあるのです。

1年に一度、正月に計画を立てて、実現しなくても構わない

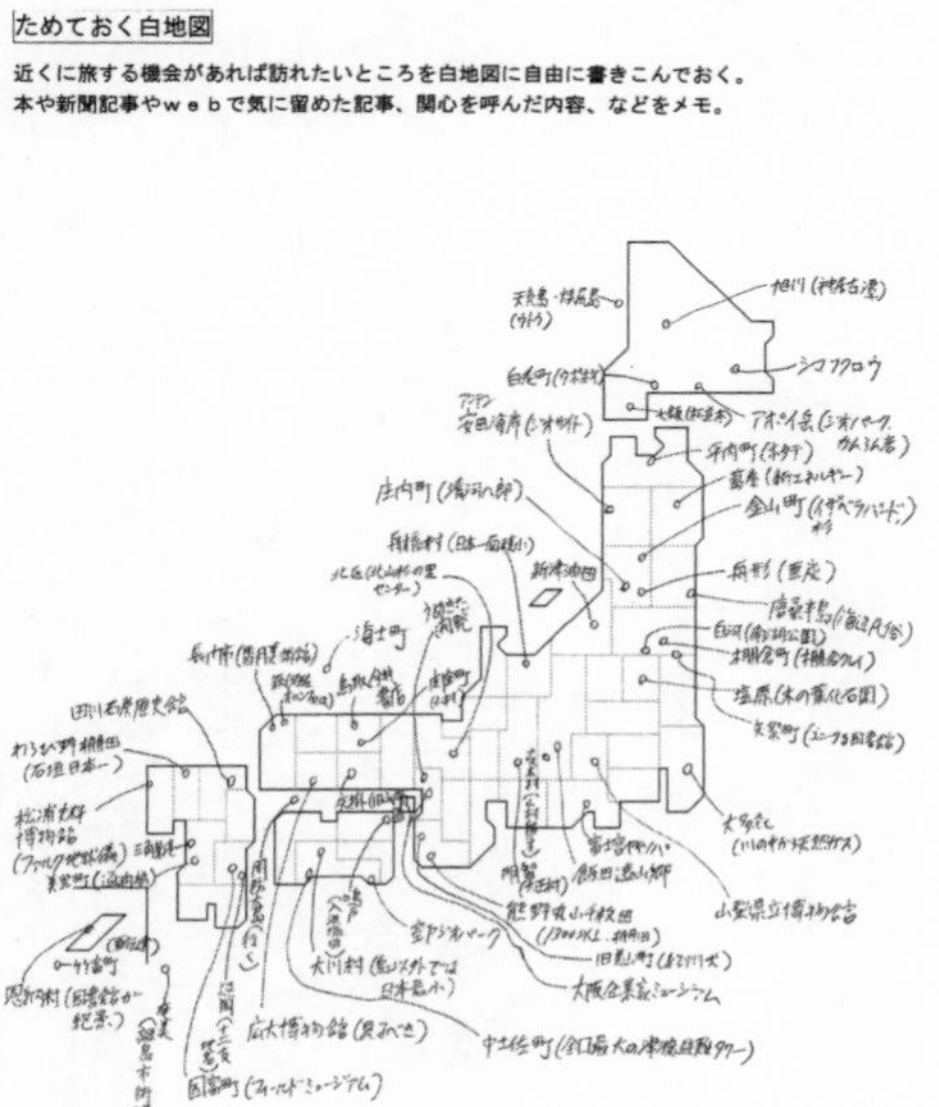
ためておく白地図
近くに旅する機会があれば訪れたいところを白地図に自由に書きこんでおく。
本や新聞記事やｗｅｂで気に留めた記事、関心を呼んだ内容、などをメモ。
「CraftMAP」白地図を利用

**図６-２「ためておくマップ」**
行きたいところ、関心のある場所を白地図に溜めておく

| | コメント | 2022年 | 2023年 | 2024年 | 10年後まで | 将来の夢 |
|---|---|---|---|---|---|---|
| 国内 | 行ったことのない都道府県をなくす | 秋田 | 高知 | 佐賀 | 残りの行ったことのない県庁所在地をなくす | 国内のジオパークを全部訪ねてみたい |
| | できれば年2回は宿泊旅行 | 鳥取 | 八丈島 | 隠岐 | | |
| 海外 | 3年に1回くらいは行きたい | | ベトナム、タイ、カンボジア方面 | | 行きたい候補地 ①アメリカ中西部 ②フランス・アルザス ③ロシア | アフリカ大陸に一度は行きたい 南極ツアーに参加したい |
| 歩く計画 | 峠道のあるウォーク | 糸魚川～松本塩の道トレイル ←→ | ←→ | 続いてフォッサマグナを静岡まで挑戦 ←→ | 各地の「塩の道」を調べる自分のコースを作り歩きたい | 本四架橋を使った山陰から高知までの歩く旅 |
| 読みたい学びたい | 1年1テーマで勉強！ | 高校地学を学びなおす | フンボルトの本をきちんと読んでみる | 統計について勉強したい | 離島の生活や経済・社会に関するものを読む | |
| その他関心事 | GISの基本をマスターしたいのでよい方法を探す | アニメ聖地 | 地酒（趣味を兼ねた勉強） | 国内ワイナリー | 高級地球儀を買ってみたい | |

コメント → 現時点での希望、夢、考え方です。

2022年～2024年 → 翌年（次の年）は極力具体的に考えます。3カ年計画のなかでアイデアは変更したり入れ替わってもOK

10年後まで → 4年後から10年後までの長期プラン

将来の夢 → 10年以上先の超長期プラン

（10年後まで・将来の夢）→ 常識にとらわれず自由にプランや夢を書きます。

**図6-3**

地理活動の長期プランニングの記入例

のです。長期目標を持つこと、書き出しておくことこそが大事です。

古い話ですが、大学受験時代に予備校の講師からいつも「第一志望の大学の写真を部屋に貼れ！　あこがれのキャンパスの写真を毎日眺めろ」といわれていたのを思い出します。たしかに高い目標や楽しい計画を〝見える化〟しておくことは夢の実現に近づく一つの方法です。

# 2 「歩く旅」のすすめ

## ❶テーマを持った歩く旅

「歩く旅」の機会をできるだけ作りましょう。歩く旅とは、歩いて地域を知る旅であることはもちろん、歩くこと自体の醍醐味を楽しむ旅でもあります。古来、旅といえば歩く旅でしたし、歩くことは乗り物では得られない地域との直接的な触れ合いが得られる最良の移動手段です。

これまで地理の旅やまち歩きを取り上げてきましたが、そうした個別の計画と併せて、長期プランの「歩く旅」を組むのもおすすめします。「旧街道歩き」「塩の道歩き」「廃線ルート歩き」「海岸線歩き」など、テーマは自由でまとまった距離のあるものがよいと思います。

私は徒歩による日本横断を3回行ないました（図6―4）。

1回目は会社の友人との思いつきで新潟県上越市から東京都江東区まで、国内最長のガスパイプラインに沿った392km（本州では最も幅の広いところの一つ）を歩いて横断しました。

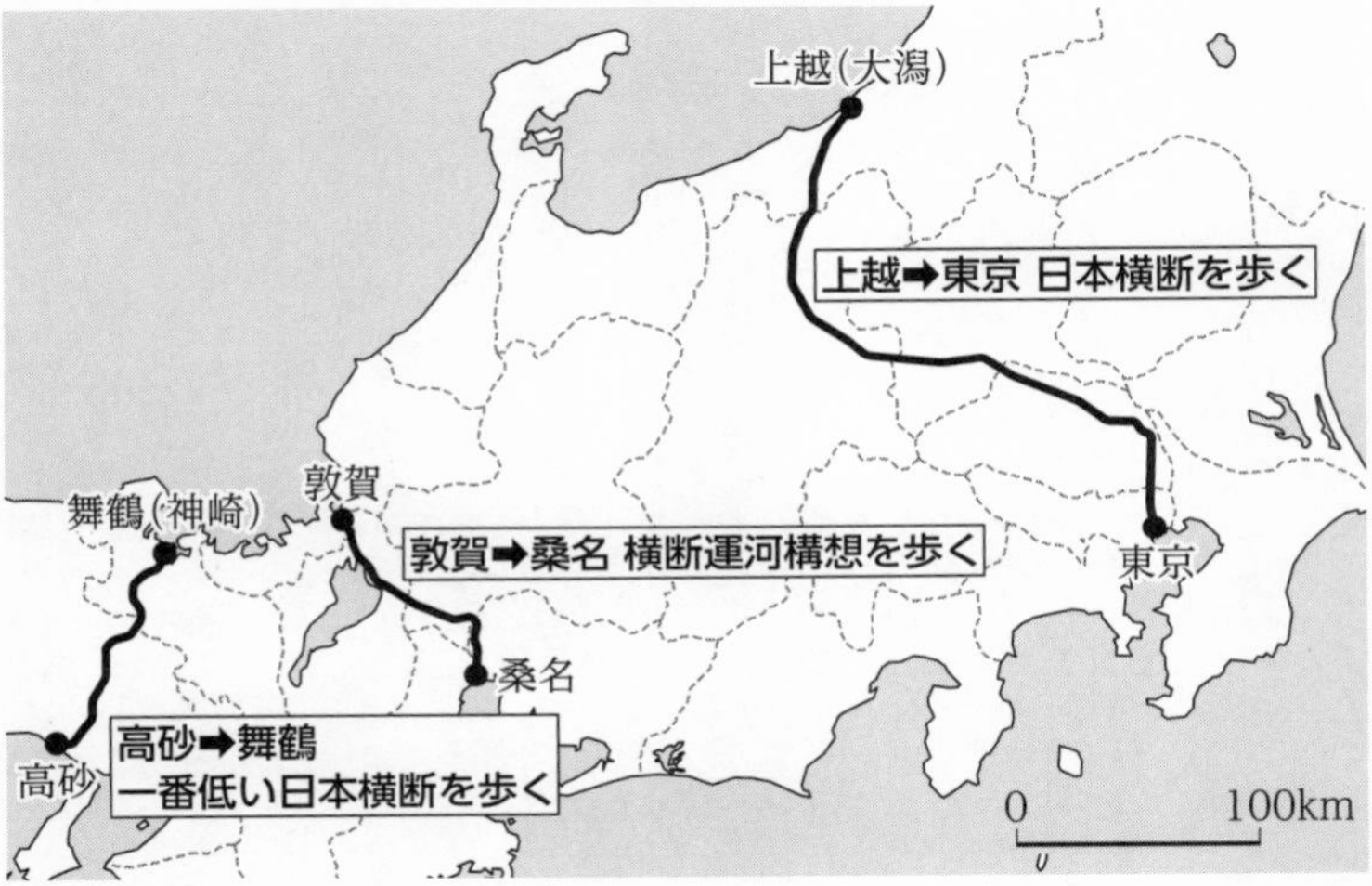


**図6-4**
三つの日本徒歩横断ルート図

2回目は、福井県の敦賀から三重県の桑名に至る、本州の最も狭い部分の日本横断（かつて構想があった「日本横断運河構想」に沿う136㎞）。3回目は、日本一低い場所で本州を横断する150㎞（兵庫県の高砂から京都府の舞鶴までの日本一低い分水界を頂点とする横断、**図6―5**）で、どれも一度に通しで歩いたのではなく、ある地点まで着いたら一度東京へ戻り、また数週間、数ヵ月後に前回のゴール地点へ戻ってそこからスタートするというリレー方式の長距離歩行です。毎回帰宅してから、歩き終わった部分を赤鉛筆で塗って、線が延びることにワクワクしていました。

## ❷ 歩く旅から学んだこと

### ■ 歩き続けるには「動機や目標」が大切

歩くのに動機や目標がいるのか？　という方がいると思いますが、とても大事なことです。散歩ならいざ知らず、特に日本横断のような長距離歩行では、「何のために歩くのか」という目的意識がないと最後まで粘り強く踏破することはできません。

たとえば私の二つめの日本横断（敦賀→桑名）では、平安時代から昭和に至るまで、なぜ何度も日本を横断する運河計画が立てられたのか、そしてなぜこのルートが考えられたのか、そうしたことを地図とともに、現地の山や川の姿を見ながら実感するためでした。そうすると、敦賀を出て福井・滋賀県境の深坂峠を越え塩津街道を歩くときなど、船に乗って琵琶湖に向っていく自分の姿を想像できたりするのです。

このような動機づけにはロマンがありますし、目標達成への意欲が増し、歩くための推進力となって

**図6-5**
一番低い日本横断が記事になる（月刊『地理』53巻2号所収）

がんばれます。

## ■歩いてみて初めてわかる現実の景観

実際に歩いてみると、地形や景観が想像していた姿と大きく違うことがよくあります。

たとえば、埼玉県の平野部は扁平な土地だと思っていましたが、新潟―東京の横断歩行で、群馬県の藤岡あたりから熊谷まで、埼玉県をほぼ高崎線沿いに歩いたとき、利根川へ注ぐ多くの河川があることがわかりました。そしてそれらの河川が削ってできた、いくつもの起伏があることを知りました。敦賀―桑名の日本横断運河歩行では、岐阜県養老山地の断層線に沿った500～600mの山々が、思っていた以上に急峻であることを感じました。3回目の高砂―舞鶴の横断歩行では、標高200mほどの日本一低い分水界である兵庫県丹波市周辺を訪れ、川といってもほとんど流れのない水溜まりのようであることを自分の目で確認しました。

また、たとえば川沿いに歩くと、川の角を曲がったり、支流と合流したりする地点で、見える景色ががらっと変わることがあります。谷の広さなども同様です。これらはあらかじめ地形図を見ていても読みとりにくいところですし、クルマや列車では感じることができず、歩く旅でしか得られない発見といってもよいかもしれません。

## ■見ることのできる歩き方

歩く旅について一番多く聞かれるのが、「1日にどれくらい歩くのですか？　どれくらい歩いたらいいのですか？」という質問です。私は、25～30kmくらいが最適と答えています。江戸時代の人の旅が1日に十里（約40km）という話をよく耳にしますが、現在でも慣れれば40kmくらいは誰でもがんばって歩けるでしょう。ただしこれでは、朝から夕方まで前に向かって進むだけになってしまいます。途中に見るべき場所があっても立ち寄らない、博物館や土産物もカットしてひたすら先を目指すといった歩き方です。

おもしろそうな博物館や資料館があったら寄ってみる、看板や石碑があったらゆっくり読んでみる、時には出会った人と話す、などの要素を入れると、経験的には1日25km強になってしまうと考えています。

歩く旅をするうえで、私は次の三つのことを強く心がけていました。

**一、歩きはじめたらしばらく寄り道しない。**

朝歩きはじめたら、1時間以上は（できれば午前中いっぱいは）、あちこち立ち寄らないことです。買い忘れた物があるからと地元のスーパーへ寄ったら関心を引かれるものがあった、土産を買ってしまったなどというようなケースや、出発が市街地の場合はちょっと名所があるのでそこへ寄ってからスタートしようなどと、誘惑は多いものです。しかし、こうした寄り道はその日の計画やペースを狂わせるもとになります。朝はまっしぐらに本線を進むというのがコツです。

## 一、昼食や休憩は取れるときに取る。

地方で市街地から離れて歩いているときに問題になるのが昼食です。あらかじめ弁当を用意しておいて、レジャーシートでも敷いて食事をするというのが一般的ですが、山間部ならば初めからそう決めているものの、集落や田園や森林などが続くところでは、現地で買うか食堂に入るか、ということになります（できれば温かいものが食べたいという日もあります）。

昼には少し早いがここで食べておこう（買っておこう）と考えるか、もう少し先に何かあるだろうからそこで取ればよいと考えるかは、結構重要な分かれ道です。

結論からいうと、取れるうちに取っておいたほうがよいということです。なぜかというと、歩く旅はどうしても早くもっと先に行きたいという気持ちが強くなるからです。この先で食べればよいと高をくくっていたら、結局食事をする場所がなく、午後遅くなるまで食べられなかった、ということが何度かありました。

休憩についても同じで、一般に1時間に1回は休むのですが、がんばって先に行ってはみたもののゆっくり座れる場所がないということも少なからずあります。

## 一、持ち物は持たない（＝手ぶら）のがベスト

長距離歩行の場合、歩きはじめはたいした重さを感じない荷物が、歩いているうちに大変な重荷になってくることがあります。初めて日本横断をしたときの新潟では、着替えだけでなく参考図書まで詰め、しかも昔の帆布のようなリュックサックを使っていたため、その重量に参ってしまい、帰りには足が痛くて動かず、駅の階段が上れない有様でした。

徒歩で日本縦断（北海道↕鹿児島など）をした人は数多くいますが、探検家・植村直巳の日本縦断の写真を見ると、寝袋以外ほとんど手ぶらのような姿で歩いていて驚かされます。そこまで削るのは無理としても、現地の駅のロッカーに大半を預けて、歩いた後はその駅にもう一度戻って来られるようなルートを組むのもいい方法です。そうするととても楽です。

コツコツ歩いていれば、必ず目的地に到達します。

まさか自分には日本を歩いて横断することなどできないだろうと思っても、毎日の蓄積は大きく、歩いているといつのまにか反対側の海に着くのです。少しずつの積み重ねが大きいということや、陸地はやはり地図のとおりつながっているというようなシンプルで当たり前すぎる

ことも、頭で理解するのと身体で体験するのでは感動が違ってきます。

多くの人が国土を歩き、地域の違いや地域で起きている変化を感じられるようになれば、何ものにも代えがたい生きた学びとなるでしょう。

# 3 ローカルを大切にしよう

## ❶地元のボランティアガイドに挑戦

ある日、区報（市町村報）で地元のボランティアガイド養成講座を見つけました。地理の旅やまち歩きをしていると、自分の住んでいる街にも改めて関心を持つようになってきます。そんなときにこの募集記事を読んで、もう一度地元を勉強してみようかと講座に申し込みました。

今は全国どこでも、観光ボランティアガイドの養成が熱心に行なわれています。昔から登山やハイキングのガイドや名所旧跡での観光ガイドは存在していましたが、今はちょっとした中小都市でも、蛍光色のベストを身につけた観光ボランティアガイドが街角で活躍しているのを見かけます。団体旅行全盛の時代から個人旅行が中心となった現在、観光客や来訪者により深く地域を知ってもらおうという表れの一つだと思いますが、地元としてはもっと地域に多くの人を呼び込みたいという願いがあるのだと思います。

一方で市民の間にも、自分の地域のことをもっと知ろうという意識や、生涯学習への意欲が以前より高まっていることも大きいのではないでしょうか。

実際にボランティアガイドの学習に参加してみると、自分の地域がいかなるところなのかを改めて考える場になりました。このボランティアガイド養成の主体は、行政であったり地域の観光協会であったりNPO法人であったり、環境保護団体であったりとさまざまですが、おおむねどこでも勉強する内容は類似しています。

・地域に関する知識（自然、歴史、地理、産業、名物、名所など）
・ガイド手順（テキスト、台本、ルート設定、下見方法など）
・ガイド規範（ボランティアガ

| 回 | 内容 | 方式 |
|---|---|---|
| 第1回 | オリエンテーション。まち歩きの意味・楽しみって何だろう | 座学 |
| 第2回 | 他地域のガイド事業の見学と質疑応答（三鷹市） | 現場実習 |
| 第3回 | 杉並の地形・文化・歴史・観光資源を学ぶ | 座学 |
| 第4回 | 資料収集、ガイド台本・まち歩きマップの作成、調査、運営 | 座学 |
| 第5回 | 講師によるガイド手本（荻窪南地区現地） | 現場実習 |
| 第6回 | ガイドの心得／英語で案内するには | 座学 |
| 第7回 | 聞いてもらえる話の仕方、間の取り方、リズムなど | 座学 |
| 第8回 | 役割分担表やコースマップを作る | グループワーク |
| 第9回 | 必需品リストや保険手続きなど／修了検定試験 | グループワーク／個人 |
| 第10回 | 受講生によるガイド発表会／修了証授与 | 現場実習 |

**図6-6**
ボランティアガイド養成講座のプログラム例（杉並区）

イドの役割、活動方法、行動基準・規定、おもてなし実践など）

短いところは2～3日コースから、長いところでは2年間くらいの養成コースを設けているところまであるようです。

私が参加した「すぎなみガイド」（一般社団法人すぎなみ文化協会認定）の10ヵ月間の養成講座プログラムを図6―6に紹介します（各回は月1回の半日コース）。

## ❷ガイド講座を通じて感じたこと

私はこれまでに「すぎなみガイド」を含めて、合計三つの地域のガイド資格講座に参加してみましたが、その中では特に次のような点が、自分にとって大きな収穫になりました。

### ○地域のあらゆることを勉強できる

ボランティアガイドのテーマはどうしても歴史的な話題が中心になりますが、文学、芸術、土地の名物、グルメなど、何でも幅広く引き出しを持っておく必要があり、またそれを求められます。

歴史や文学、芸術分野では、その土地に住んでいた、あるいは縁があったという著名人・偉人などに関するものが非常に多くなります。地理をずっとやってきた人の中にはこうしたものに苦手意識がある人や無関心な人もおり、私自身も初めは些末な（と思えた？）出来事などに今一つのめり込めないところもあったのですが、文学作品も名物や土産もおいしい店や酒場もすべて「地域」を構成しているものであり、それがそこに登場したことには、何らかの理由が考えられるので、それをどう関係づけておもしろく思えるかを考えるようにしています。

### ◯数字を正確に覚える

年月日、高さ、広さ、年齢など、「数字」が思っていた以上に出てきます。そしてそれらが大事だということも知りました。来訪者にアバウトな説明はできません。そのため正確に記憶しておくことが肝要ですし、そこがあやふやだと、すぐに聞いている人にわかってしまいます。

たとえば歴史的な人物や事件を題材にした物語は、いつ、誰が、というような５Ｗ１Ｈを誤りなく把握しておく必要があります。またそれは事実なのか、通説や諸説の一つなのか、明確でないときは、そのように言葉を付け加えなければなりません。参加者から質問が出て、わからないことははっきり「わからない」と答えることも大事です。これは地理でも地学でもどの分野でも同じだと思います。

## ○ガイドテクニックを勉強する

まち歩きや巡検では、案内する人の話す中身が大事ですが、それをどうわかりやすく伝えるか、伝えるときにどう工夫するかというノウハウもマスターしておく必要があります。たとえば次のようなスキルを挙げることができます。

・話すときは、はっきりとメリハリをつける。

たとえばポイント地点に着いたら「ここが○○です」とはっきり言い、その場所を出るときは「ここはこれで終わりで、次に○○へ向かいます」と言う。

・1ヵ所での説明所要時間は3分以内を目指す。

それ以上になると立ったままでは退屈で、徐々に聞いてもらえなくなります。

・話すときの立ち位置（参加者の正面に）や視線（参加者をたえず見渡す）、角度（自分を中心に参加者を160度くらいに入れる）を常に自己チェックする。

・図版や写真、地図などをA4やA3くらいに大き

**図6-7**

現地現物の前で説明用図版を使うと、より効果的に解説できる

くしておいて、クリアファイルに入れたりパウチして用意しておき、その場で参加者に見えるよう高く掲げる（図6―7）。

これらの中には、仕事でも使えるような知恵がたくさんありました。

## ○「安全第一」を再認識する

参加者の案内では、何をおいても安全が第一です。特に車や自転車に対しては注意事項がたくさんあります。

・必ず横断歩道を渡る。
・信号が青になったら一緒に渡る。
・グループ全員が渡りきるまで、先行グループは前進しないで待つ。
・移動の列には最後尾にスタッフをつけ、車、自転車、段差などでは声を出してもらう。

そもそも私たちの日常では、案内のテクニックをきちんと教わる場がないのですが、まち歩きの見学コースを

**図6-8**
雨の日はこのようにまとまるなど、とりわけ注意が必要

プランニングする際、トイレの場所確認は当たり前としても、加えてベンチがあるか、ＡＥＤがあるかないかまで確認しなければなりません。

さらに、熱中症防止のため、「暑さ指数」が31以上であれば、まち歩きを中止または縮小すること、冬でも帽子や飲み物を持つこと、雨の日の歩き方・説明のしかたなど、安全や健康への細かい配慮を学ぶことができました（図6—8）。

## ❸ 地域社会を意識する

ボランティアガイドの勉強をしたことで、街の知識をさらに深掘りできたのはもちろんですが、そこに住むいろいろな人を知ることもできました。街自体のことは書籍やｗｅｂでいくらでも情報を集められますが、地元で長年生活してきた人たちから聞く話（語り）は、時間的経緯・変遷がその人生にしみこんだものになっていて、心に響くものがあります。

また、地元では長年そのエリアの郷土史を研究している人など、地域についてものすごく詳しい人に遭遇することがあります。ちょっとやそっとの知識ではかなわない生き字引のような方がいるということを知るだけでも勉強になります。いずれにしても、ガイドの勉強や実際のガイド活動を通じて、地域を新鮮に見ることができるだけでなく、日ごろ希薄になっている地元のつながりが深まるのは、地理に関心を持ったおかげともいえます。

地域の人を知ると、地域のさまざまな課題解決に取り組んでいるたくさんの人がいることにも気づきます。子どもの教育や子育てのサポート、商店街の活性化、空き家問題の対策、緑や花を守る活動、障がいを持つ方の支援など、地域の問題にどんな取り組みが行なわれているのか、どんな人が活動しているのかを身近に見聞することができます。

しかし大都市圏の会社員は、自分の住む地域のことを知る機会、接する場が非常に少ないのです。会社勤めの人々は企業組織の中にいるため、仕事に関連する顧客や社内外の人とのつながりは強いものの、会社という枠を出ると社会とのつながりは意外と希薄で、地域社会に疎い一面があるのではないでしょうか。

## ❹地域からの発信

地理の世界に話を戻して、地域にこだわるという点でぜひ紹介しておきたいのが、在野の地理学者といわれた三澤勝衛（1885〜1937）です（図6―9）。

三澤は高等教育機関での学歴がなく、小学校の教員から文検（旧師範学校中学校高等女学校の教員検定試験）合格後、一貫して長野県の旧制諏訪中学（現・諏訪清陵高校）の教師として、諏訪という地域を離れることなく一生を送りました。郷土の風土を徹底的に観察し続けた研究者であるとともに、教師として多くの科学者を育てた（教え子に新田次郎［作家］、藤森栄一

［考古学］、矢沢大二［地理学］、古畑正秋［天文学］などがいます）教育者でもありました。

彼は独学で学びながら、目を皿のようにして地域を観察して歩き、その研究成果は中央に出しても恥ずかしくないものであったといいます。在野の研究者として、気候学、地理学や天文学では中央の学会でも存在を知られたこの人物は、なぜ東京に出ることなく、ローカルな世界で人生を送ったのでしょうか。

私は40代のころ三澤に興味を持って『風土産業』を読みましたが、彼は「風土」を大地と大気の接触面だと唱え、その大地と大気に影響を及ぼすもの（地形、日射、風、雨、植物、土壌など）を徹底的に観察し、接触によって何が生成されるのかを探求していました。徹頭徹尾「地域」を観察し、その風土を最大限生かして地域の繁栄や幸福につなげるにはどうしたらよいか？　ということを考えつづけていたのです。

**図6-9**
三澤勝衛（親族提供）

三澤勝衛はいいます。

「何としても観る事が、否、その観方が不足である。特に自然の観察が、否、その凝視が不十分である」

「利害を考える前に『物を活かす』という根本思想がなくしては真に成功するものではない」と。

穂高のワサビ、諏訪の寒天、信濃川のチューリップ、柏原の鎌などの生産、そして地形や設備による蚕の豊凶の違いの分析など、どれを読んでも説得力があり、私は地理の世界の二宮尊徳のような人ではないかと思いました。

三澤が自らの研究対象を信州、特に諏訪に限定しながらも、独善に陥ることなく、生徒たちに対しても都市名や人口の授業は一切せず、自分で苦しんでものを考える訓練を課したのは、限られた地域を徹底して観察することによってこそ、逆に一般化できるものの見方・考え方が身につくと考えたからだといわれています。

「自然の業績、報告書は我々の前に展開されている。（略）根気のある観察と長い不断の思索とだけがそれを正しく理解せしめる」

21世紀の現在でも彼の著書が書店で手に入ることでもわかるように（1970年代にみすず書房から全集、2000年代に入って農文協から著作集）、100年を経てもなぜ多くの人が三澤勝衛に注目するのでしょう。

2016年に出版された『これからのエリック・ホッファーのために』（東京書籍）の著者・

荒木優太氏は「三澤にとって、地理学の教えとは、ある地域で生きる人間にとっての効率的な術であると同時に、現実に世の中を変えていく（あるいは、変えていかないようにする）社会運動でもあった」と述べています。

哲学者の内山節氏も「彼が郷土教育に固執した理由はそれだけではなかった。自分の暮らす風土をよく知ることが、日本を知り、世界を知ることだと考えていたのである。世界の地形や国の分布、産業の状態などを表面だけ学んでも、世界を知ることにはならない。自分の暮らす風土にどんな自然があり、どんな歴史があって、つまりそこに暮らさなければわからない郷土の深さを学ぶとき、同じようにそこに暮らさなければわからない郷土と共に暮らす世界の様々な人々のこともわかってくる。郷土を知ることで、同じように生きている世界の人々のことがわかる。地理教育はそのためのものだと三澤は考えていた」（『清浄なる精神』信濃毎日新聞社）と述べています。

ローカルな世界に生きた地理の専門家は三澤以外にもたくさんいますが、それら先人の活動は、私たち地理愛好者も、その立場を超えてできる何かが地域の中にあることを示してくれているように思えてなりません。

まず自分の依って立つ地域をベースに、そこにいる者でなければ見たり気づいたりできないことを、自分なりにまとめたり、発信してみてはいかがでしょう。それまで地元でも気づかなかった知られざる魅力や強みが表現されるかもしれません。

今後の人口減少社会では、いかに地域の特長や潜在力を引き出して、他の資源や外部のネットワークと効果的につなげていけるかが、持続的成長の重要なカギとなります。皆さんの地理生活が、次の時代につながる地域へのお手伝いやサポートに変化するかもしれません。

# 4 仕事を楽しくしよう

## ❶職場を地理的に楽しむ

ビジネスパーソンは会社でいろいろな仕事に携わりますが、その際に自分の地理的な知識やものの見方が生かされるように思われることがあります。地理好きな人々の持つ知識やスキルは、ふだんの会社生活の中でどう生かされているのか、個人では仕事にどう活用できるのか。会社生活の中での地理の楽しみを考えてみます。

まず職場、仕事場の空間を生活の場の一部として、もっと身近なものにできないか考えてみましょう。

### ■職場の窓から

どんな勤務先も地域空間の一部です。私がいつももったいない、不思議だなぁ、と思っているのは、オフィスの窓から外を見る人が非常に少ないことです。どうも普通の人にとって、会社の窓は明かり採りで、せいぜい雲行きの怪しい日に外出する際や家に帰るときに傘がいるかどうかを確かめるためにあるかのようです。

私は外を見るのが好きなので、オフィスの窓は「活用する窓」でした。日々注意深く外を見ていると、周囲の建物の建て替えや取り壊し、街や樹木の変化、空や雲の動きなど、変化がよくわかります（もちろん仕事中ではなく、これは朝の出勤時や昼休みのタイミングです。念のため）。これは事務所が1階であっても、高層ビルの数十階であっても同じです。ぜひ自分だけの展望台として街を観察してみましょう。

しかし最近のオフィスを見ていると、省エネ上の要請からか、近隣対策からか、セキュリティ上の問題からか、ブラインドを下ろしっぱなしにしているところが多くなったと感じます。少し寂しいですね。

会社や職場のある建物も地域の一部です。大半の人にとって、職場は仕事をするところであり通勤する場所である、という受け止め方であり、地域意識は希薄で無番地状態になっているのではないでしょうか。職場を地域の一部として眺めると、いろいろな発見があると思いますし、殺伐になりがちなビジネスにもゆとりが生まれるのではないかと思います。

## ■職場の街の飲食店へ

職場を地域として知るには、まず街を歩くことが必要です。いくつかの簡単なチャレンジをご紹介します。

## ○昼休みには街を歩いてみる

昼休みに少しずつ外へ出る機会を作ると、だんだん慣れてきて、結構遠くまで行けます。仮に職場が市街地にあるとすると、昼休みの1時間があれば、私の経験では700~800m先くらいは歩いて食事をして戻ってこられます。もちろん仕事が忙しいときはできませんから、時間の取れるとき、週1~2回でもいいのです。リフレッシュもでき、運動にもなってよいことばかりです。お天気がいいと気分も変わり、午後の仕事の生産性も上がります。

## ○終業後に飲み屋へ行くならば、チェーン店でなく地元の人がやっている店へ行く

アフターファイブに行く居酒屋もひと工夫してみます。可能であれば、1人で行く機会を作ってはいかがでしょうか。1人で行くには、1人客が来ているような店を探すのが定石《じょうせき》ですが、初めて入るときはかなり勇気がいるものです。しかし店の主人やおかみさんから地元の話を聞くのは同僚連れでは不可能で、1人でないとできません。

昔、芝に行きつけの飲み屋さんがありました。そこのおかみさんは70代半ば、生まれも育ちも芝、という江戸っ子で、芝神明宮のお祭りを何よりの生きがいにしている人です。昔の家を

取り壊して今の4階建てのビルにするとき、敷地の土が少なく、砂利が深くて困ったというような話をしていました。つまり、この辺まで海だったことに気づいたという話です。近所の工事でも貝殻がたくさん出てくるそうです。

また、周囲にマンションが増え、新住民は地元の商店街に行かず、品川の大型スーパーに行ってしまって困るが、やりにくいことばかりではない。マンションの新住人の中にも、必ず近所づきあいしたい、地元の行事に参加したいという人が一定数いて、町内の行事などに出てきてくれて助かる、というような話も聞きました。都心のビルの谷間にある商店街の現在の有様が垣間見えます。

## ○地元の喫茶店に通ってみる

地元で何十年もやっているような店、今はレトロという言葉で片づけられてしまうような店でしっかり続いているところに行ってみましょう。そういうところには常連さんが必ずいつも座っています。いくつか試してみて、店主や従業員と波長が合うところが見つかれば通います。

喫茶店にはいくつかお世話になりましたが、地元の人が集まる店は、当然地元の話題にあふれています。近所の人の噂の類も少なくないのですが、近隣の店の開業・閉店やビルの建て替え、昔の思い出や懐かしい話など、聞こえてくる会話に地名が多く出てくるのは、地理好きの私にとって心地よいものがあります。

港区大門にあった老夫婦の喫茶店は、当時、創業から約50年。マスターが学校を出てすぐ店を始めたのは、何と東京タワー建設時だったそうです。当時は周囲に高い建物もなく、昭和33年時点では、完成した塔の姿をどこからでもゆっくり眺めることができたそうです。映画『三丁目の夕日』の世界ですね。わざわざ鎌倉からこの店にコーヒーを飲みに来ているという常連の老婦人が懐かしそうにその話に頷いていました。

私も人事異動のたびにさまざまな街でカフェを利用しましたが、こうした地域の話が気楽にできる行きつけの店を見つけるのはなかなか難しいものです。のんびりと開拓してみてはいかがでしょうか。

## ■職場の空間的歩みをさかのぼる

自分の会社、職場は、どうしてここにあるのか？　社内でそのようなことを聞く人はあまりいないでしょう。しかしよくよく考えてみると、自分が何の縁でここで仕事をしているのか不思議でもあります。そこには都市の発展と関係する物語が隠されているかもしれません。

あまりおもしろいとはいえない会社の「社史」も、そう考えて紐解いてみると役に立つものです。私が勤務していた会社の本社敷地は、明治時代の工場からスタートしていました。しかも東京港に近い海岸です。原料を船で搬入できるメリットがあったからかもしれません。あるいは明治初期の埋め立て地を活用しようということだったのかもしれません。そののち、もともと営業所があった都心部に移転し、長くビジネスの中心地で活動することになります。交通至便で各地から人が集まりやすく、また他企業や官公庁とも遠くない利点や、ひょっとしたら信用やステータスへの思惑もあったのかもしれません。

事業の発展、企業規模の拡大に伴って本社は手狭になり、現在の位置に新ビルを建設して移ります。そこはビルが建設されるまでは、会社の資機材の倉庫兼流通センターがありました。1980年代、新ビルを建てられるまとまった広さの土地は、そこしかなかったのだと思われます。本社が移転したときの周辺は倉庫や物流センターばかりであったのが、今では都心への距離の近さもあって、オフィスビルや再開発事業によるホテル、劇場、飲食娯楽施設など、街全体の土地利用がすっかり変わってしまいました。

このようにそれぞれの会社の本社、支社、営業所、工場などの拠点には、歴史や背景があり、それをたどることで地域の盛衰を考えてみるのも一興です。職場がある地域の地元博物館にも一度は行っておきたいですね。

今後テレワークの拡大や、時間と場所にとらわれない働き方が広がるにつれ、ビジネスの拠点は全く違った立地選好になっていくことでしょう。その動きが楽しみです。

## ❷仕事に地理の視点を見つける

会社の中で異動を経るうちに、業務そのものが地理的な素養を必要とする、地理好きにとって、幸運な仕事に就くこともあるでしょう。

たとえば企画部門や営業部門などでの市場分析やマーケティング、出店計画や拠点戦略、物流戦略あるいは国際部門での海外進出や戦略、原材料の仕入れ、生産計画・管理などといった領域は、多かれ少なかれ地理と関連づけられる部分があります。

間接部門であっても、広報やブランド戦略、渉外活動あるいは環境対策などの分野では、お客さまの生活の場を知り尽くし、どのように地域社会と共生していくかという課題に取り組まなければなりません。つまり、地域というものをしっかり知る必要があります。もちろんＧＩＳ（地理情報システム）担当部門による、企画や営業への支援業務もあるでしょう。

さらに広く仕事を見渡せば、企業の災害対策やＢＣＰ（事業継続計画）、あるいは従業員の通勤や海外・国内の赴任先も、企業の持つ不動産戦略も、あれもこれも地理と関係づけていくことが可能です。

まずは、自分の今の仕事を地理の目をもって見直してみたらどうなるか、地理の情報を活用したらどうかと考えてみてはいかがでしょうか。仕事の意味が少し違って見えてくるかもしれません。

最近重視されている「ＳＤＧｓ（持続可能な開発目標）」には多くの取り組み項目があり、たとえば17の目標の中の「持続可能な都市作りや地域作り」では、住み続けられるまち作りのために地域空間をどのように作り上げていくのかといった、まさに地理が出番の目標もあります。

企業においても、単に自社の売り上げや利益の増大のみを図るのではなく、事業を通じて社会をどう変えていけるのか、貢献できるのか、という発想の転換が求められています。

## ❸現地・現場に立つ

### ■現場第一を考える

現地を見て歩き、考えることが大事であることは何度か触れました。

どの企業でも「現場が一番大事だ」「お客さまの一番近いところにいる従業員の声を大切にしろ」とは必ずいわれますが、その意図しているところは、誰がどのような構図の中で発したかでずいぶん違ってくるものです。

本社は、全社的観点からあるべき論やロジックで判断するので、合理的であるものの、行動にあたってはリスクを極力避けようとしがちです。一方で現場部門は、お客さまや取引先と毎日向き合っているため、日々起こる問題を逐一解決していかなければならず、長期的な視点を持ちにくい面もあります。お客さまからの声や訴えにもっとこうしたい、もっと売れるようにしたいという現実があるものの、全社的なルールや権限、予算の制約があって思うようにならないというのが、多くの企業の現場部門で感じている不満ではないでしょうか。

どんな会社でも多かれ少なかれ本社対現場、コーポレートスタッフ対ライン、間接部門対直接部門のせめぎあいはありますが、各々の立場に固執せず率直に議論していくことで、最終的には相互に効果的な協力・支援関係を作ることができるはずです。そのために大事なことは、とにかく理屈抜きで現場を見てみる、訪ねてみる、話してみる、そして議論することではないかと思っています。

本社にとっては現場に行くことで情報量を増やすことができ、より多角的なものの見方ができるようになります。また現場にとっては、新たな観点での気づきが得られたり、会社やグループ全体の中での役割が理解できるようになるはずです。

つまりそれぞれの立場で、二次情報でなく一次情報をもとに、伝聞や思い込みではない自分の五感とデータで議論するようになります。このことは地理の考え方や手法と全く一致しています。

何事も食わずぎらいで済まさない、億劫にならない、伝聞でなく現場へ行く、見る、聞く。これは360度の関心を持っている地理好きの得意な行動原理であるはずです。

また現場に立脚することは、日常業務での問題点の解決を図る点でもとても重要です。

第3章で紹介した川喜田二郎は、問題点がわからない、はっきりしない状態でも、とにかく関係のありそうなものを「何でも見てやろう」という態度で、首を突っ込んで情報収集するのが大事で、意味を考えることより、まずフィールドで行動することが必要だといいました。

私も数多くの現場を観察すること、現場で働く人やお客さまと話してみることで、何かピンとくることがあります。とにかくそのときにはなんだかつかめないけれども、後であれとこれとが結びついてくる、意味づけが生まれてくる、などということは誰もが少なからず経験しているでしょう。

そうして現場へ出て歩き回ることで、そこから自分なりの仮説も生まれてくるように思います。問題意識さえ持っていれば、日ごろの地理への関心・興味や行動力が現場で生きてくるのです。

さらに一歩進めれば、現場とは「外」「野外」「屋外」だけではないかもしれません。「仕事の場すべてが現場だ」と考えれば、現場主義の行動はあらゆる場や空間に応用できると思っています。

## ■〝現ブラ〟のすすめ

ある事業所に勤務していたとき、同じ地域の警察署長とお話をする機会がありました。その方は、仕事に少しでも余裕があるときは、１人で管内をくまなく回ることにしているそうです。もちろん私服で歩かれるようですが、ただ訪ねてみるだけでも何度も繰り返すと、その土地についての自分なりの勘が得られるのだと教えてくれました。２～３年で交代する職業ゆえの知恵だと思いました。

私も真似をしてみましたが、私の方法はまず行ったことのない町名をなくすようにします。たとえば中野区なら19、墨田区なら26、練馬区なら46の町名があり、その中で歩いたことのない町名がないようにするのです。その町へ行くには、その途中の町も当然通過するわけですから、何度も繰り返していると、町名を聞いただけで、おおよその風景や地形、道路関係に察しがつくようになります。

忙しいときにはなかなか難しいのですが、挨拶や営業のついでに足を延ばしたり、土日にわざわざ出向いて街を歩いたりしたこともあります。そのおかげもあって、長年そこに勤務していた後輩から「ずいぶん現場に詳しいですね」といわれたこともありましたが、地域を知るとお客さまを知ることにつながり、ずいぶん仕事のうえで役に立ちました。

## ❹ 地理のある生活

地理を楽しむことで、さまざまな分野の知識だけではなく、いろいろな考え方を幅広く受容できる力も生まれるように思います。

地理の旅でさまざまな場所を訪ね実際に見聞することで、自然環境・社会環境の地域性を認識できます。世の中は多様であり、何事も簡単に結論づけられないと実感します。

それと同時に、人々が環境に対してどう闘い、どう折り合いをつけながら生きてきたかを知ることで、人の営みにも敬意を抱きます。地方には地方の歴史があり、各地域にもそれぞれの歴史があり、一軒一軒には家庭の歴史もあります。

「地理」は地域の自然や生活・文化・歴史の特徴を知り、違いも認識したうえで、その特性を最大限生かした暮らし方を学ぶものだと理解していますが、知的好奇心を持って空間や人間や生活を見るようにすると「何事も初めから決めつけない」「興味や好き嫌いだけで判断・評価しない」というような、社会生活を営むうえで大切にしたい考え方も涵養されるでしょう。

加えて、地理の活動になくてはならない「地図」の活用は、視野をさらに広げるうえで非常に重要な役割を果たしていると思います。それを可能とするのは、今でも紙地図だと思っていますが、大きく広がっている地域の縮図である地図は、全体の規模感や地域の特徴、それぞれの位置関係が一目で理解できるので、俯瞰的視点や大局観を得るための重要なツールであると確信しています。

寺田寅彦の随筆に「地図をながめて」という名文があります。

「今、かりに地形図の中の任意の一寸角をとって、その中に盛り込まれただけのあらゆる知識をわれらの「日本語」に翻訳しなければならないとなったらそれはたいへんである。等高線ただ一本の曲折だけでもそれを筆に尽くすことはほとんど不可能であろう。それが「地図の言葉」で読めばただ一目で土地の高低起伏、斜面の緩急等が明白な心像となって出現するのみならず、大小道路の連絡、山の木立ちの模様、耕地の分布や種類の概念までも得られる。」（抜粋『寺田寅彦随筆集 第五巻』岩波書店）。

地理学者で東京大学名誉教授であった西川治氏は、地図の役割を「千文は一図に如かず」という見事な一言で表現されましたが、地図を読むことこそ、人が全体的視野を得るための最も効果的な訓練になっていると思います。

今ではデジタル地図の進化、拡大によって紙地図は減少の一途ですが、地図エッセイストの今尾恵介氏は、紙地図を「地域や土地空間の総合ポートレート、総合アーカイブとして読み取るべきもの」と提言されていて、よい言葉だと感じています。

社会の中ではまだまだ十分地図が活用されているとはいえません。地図のメリットを一番理解している地理好きの皆さんが、会社で、地域社会で、地図を活用する方法や地図によるものの見方を発信していくことも大事ではないでしょうか。

英語やフランス語などのamateurという単語は、日本では「素人、アマチュア」という訳が浸透していますが、むしろラテン語のamar（愛する）を語源とした「物事を愛する人、大好きな人、愛好家」の意味のほうが大事だと考えています。アマチュアのメリットは、本職でないからこそできる活動を自分らしいやり方で楽しめることです。

地理を愛する人々は充実した「地理生活」を楽しむことで、これからの人生100年時代を実りあるものにされると確信しています。

参考文献


## 第1章　趣味は「地理」です

- 大沼一雄『日本列島地図の旅』シリーズ5巻　東洋書店　1980〜2002
- 竹内裕一・加賀美雅弘編『身近な地域を調べる 増補版』古今書院　2009
- 児井正臣『地理が面白い』近代文芸社　2005
- 司馬遼太郎『風塵抄』中公文庫　1994

## 第2章　地理のある旅

- NHK「ブラタモリ」制作班『ブラタモリ』1〜18　KADOKAWA　2016〜2019
- 皆川典久『東京スリバチ地形散歩』洋泉社　2012
- 今尾恵介『地名の社会学』角川書店　2008
- 木内信藏『地理学基礎講座 人文地理』古今書院　1985
- 伊藤徹哉・鈴木重雄・立正大学地理学研究室編『地理エクスカーション』朝倉書店　2015
- 竹内誠編『東京の地名由来事典』東京堂出版　2006
- 白石孝『日本橋街並み繁昌史』慶応義塾大学出版会　2003

## 第3章　地理の旅実践編

- 谷岡武雄『地理学への道』地人書房　1973
- 日本地図センター『地図と測量のQ&A』一般財団法人日本地図センター　2013
- 梶谷耕一『地図の読み方がわかる本』地球丸　2001
- 長谷川直子編『今こそ学ぼう地理の基本』山川出版社　2018
- 大沼一雄『地図のない旅なんて！』東洋書店　1996

・村越真『なぜ人は地図を回すのか』角川ソフィア文庫　２０１３
・村越真『地図が読めればもう迷わない』岩波アクティブ文庫　２００４
・西村幸夫・野澤康編『まちの見方・調べ方』朝倉書店　２０１０
・中野尊正『郷土の調査法』古今書院　１９６０
・野間晴雄・香川貴志・土平博・河角龍典・小原丈明『ジオ・パルＮＥＯ　地理学・地域調査便利帖』
海青社２０１２
・小池和男『聞きとりの作法』東洋経済新報社　２０００
・小長谷有紀『梅棹忠夫のことば』河出書房新社　２０１１
・川喜田二郎『発想法　改版』中公新書　２０１７
・中村和郎・高橋伸夫編『地理学への招待（地理学講座１）』古今書院　１９８８
・奥野宣之『旅ノート・散歩ノートのつくりかた』ダイヤモンド社　２０１３
・柳澤雅之『景観から風土と文化を読み解く』京都大学学術出版会　２０１９
・作田龍昭「地域博物館への注文と期待」『地理』６６３　５５巻１０号　２０１０

## 第４章　地理のちょっと違った楽しみ方

・板坂耀子『江戸の紀行文』中公新書　２０１１
・古川古松軒『東遊雑記』平凡社東洋文庫　１９６４
・宮本常一『古川古松軒／イザベラ・バード』未來社　１９８４
・宮本常一『辺境を歩いた人々』河出文庫　２０１８
・村尾嘉陵『江戸近郊道しるべ』講談社学術文庫　２０１３
・海野弘『日本図書館紀行』マガジンハウス　１９９５
・海野弘『海野弘 本を旅する』ポプラ社　２００６
・岡本真、ふじたまさえ『図書館１００連発』青弓社　２０１７

- 図書館さんぽ研究会『図書館さんぽ』駒草出版　２０１８
- 長谷川直子・尾形希莉子『地理女子が教える ご当地グルメの地理学』ベレ出版　２０１８


## 第5章　地理の仲間を作る


- 山納洋『歩いて読み解く地域デザイン』学芸出版社　２０１９
- 作田龍昭「地図と自然・文化を楽しむグループ紹介（９）大人のための地理クラブ〝地理の会〟」
  『地図ニュース』（３４３号）２００１年４月　財団法人日本地図センター
- 作田龍昭「特集 地図に集う人達 社会人の地理クラブ・地理の会」
  『地図中心』（５３６号）２０１７年５月　一般財団法人　日本地図センター


## 第6章　人生を豊かにする地理生活


- 岡田俊裕『地理学史 人物と論争』古今書院　２００２
- 三澤勝衛著・矢沢大二編『三澤勝衛著作集（全３巻）』みすず書房　１９８０
- 三澤勝衛『風土産業』古今書院　１９８６
- 荒木優太『これからのエリック・ホッファーのために』東京書籍　２０１６
- 内山節『清浄なる精神』信濃毎日新聞社　２００９
- 西川治『地球時代の地理思想』古今書院　１９８８
- 寺田寅彦『寺田寅彦随筆集　第５巻』岩波文庫　１９６３
- 磯野巧「観光ボランティアガイドの人材育成方式」『地理』７５０　62巻11号　２０１７
- 作田龍昭「一番低い日本横断　歩いて旅する分水界」『地理』６３１　53巻2号　２００８

# おわりに

最後までお読みいただきまして、ありがとうございました。何か一つでも皆さんの活動のヒントになりましたら幸いです。「地理の楽しみ方を語る」という新しい切り口の一冊を書くのは、当初考えていた以上に難しいものでした。私の経験で足りない部分は、多くの人々との交流から学んだものを総ざらいして補いました。これまでお世話になったすべての方々、地理の仲間や友人に改めて感謝を申し上げます。

この本を書くきっかけとなったのは、日本地理学会で「地理学のアウトリーチ活動」を精力的に推進されているお茶の水女子大学准教授の長谷川直子先生から「地理愛好者の立場からの活動を一度本にしてみたら」と助言されたことでした。「アウトリーチ」とは、学問や科学技術の世界を専門家がわかりやすく親しみやすい形で一般の人々に伝えるとともに、双方向でのコミュニケーションをめざそうとする活動のことです。学会からも地理をもっと身近なものとして広めようという動きが出てきたことで、地理の学び方や楽しみ方もさらに豊かになり、地理を愛する人々の活動も大きく広がる予感がしています。

地理好きのための楽しい一冊を実現させるため、長い期間一緒に取り組んでくださった編集者の森岳人さんには常に温かい力添えをいただきました。ここに心からの謝意を表します。

著者紹介

**作田 龍昭**（さくた・たつあき）

▶1952年生まれ、兵庫県出身。大学卒業後、大手エネルギー会社に勤め、定年後は人事コンサルティング事業を営む。高校のクラブ活動をきっかけに地理の魅力に取りつかれ、それ以来独学を重ね、地理を「趣味」としてまち歩きに没頭する。日本中を歩き回り、徒歩による日本横断も3回達成した。
1996年、地理好き社会人のクラブ「地理の会」（登録メンバー約100名）を設立し、代表を務めた。現在は、地域ボランティアガイドとして、地元を学び直す活動や新しいまち歩きスタイルの研究、地理をより身近にする活動支援などに携わっている。日本地理学会会員。

◉── 装丁・本文デザイン　八木 麻祐子（Isshiki）
◉── 装画　福士 陽香
◉── 本文DTP　八木 麻祐子+戸塚 みゆき（Isshiki）
◉── 校正　曽根 信寿

**地理《ちり》マニアが教《おし》える 旅《たび》とまち歩《ある》きの楽《たの》しみ方《かた》**

2021年　6月25日　　初版発行

| | |
|---|---|
| 著者 | 作田《さくた》 龍昭《たつあき》 |
| 発行者 | 内田 真介 |
| 発行・発売 | ベレ出版<br>〒162-0832　東京都新宿区岩戸町12 レベッカビル<br>TEL.03-5225-4790 FAX.03-5225-4795<br>ホームページ　https://www.beret.co.jp/ |
| 印刷 | 株式会社文昇堂 |
| 製本 | 根本製本株式会社 |



ISBN 978-4-86064-659-2 C0025　　編集担当　森 岳人